標準古典探究

学習課題集

第一学習社

はしがき

本書は、「標準古典探究」教科書に完全準拠した学習課題集です。教科書採録の教材について、実際に書き込む作業を通して内容を理解していくことができるようにしました。予習・復習のための自学・自習用のサブノートとしてはもちろん、授業の併用教材としても十分に役立つよう、要点を押さえた編集をしました。

◆本書の構成と内容

本書は、「古文編」「漢文編」の二部構成となっています。また、各教材は、次のような内容から構成されています。

◇教材を学ぶ観点を知る

①学習目標　各教材に設置し、その教材で何を学ぶのかを見通せるようにしました。

②評価の観点　「展開の把握」や「内容の理解」などコーナーごとに、評価の観点（「知識・技能」「思考力・判断力・表現力」）を置き、身につける内容を示しました。

◇基礎的な力を養い、教材を読解する

③語句・文法・句法　国語の学習全般で必要な、古典の語句の読みや意味、文法・句法の意味や用法を確認できるようにしました。

④展開の把握（要点の整理）　意味段落などを

使い方のポイント

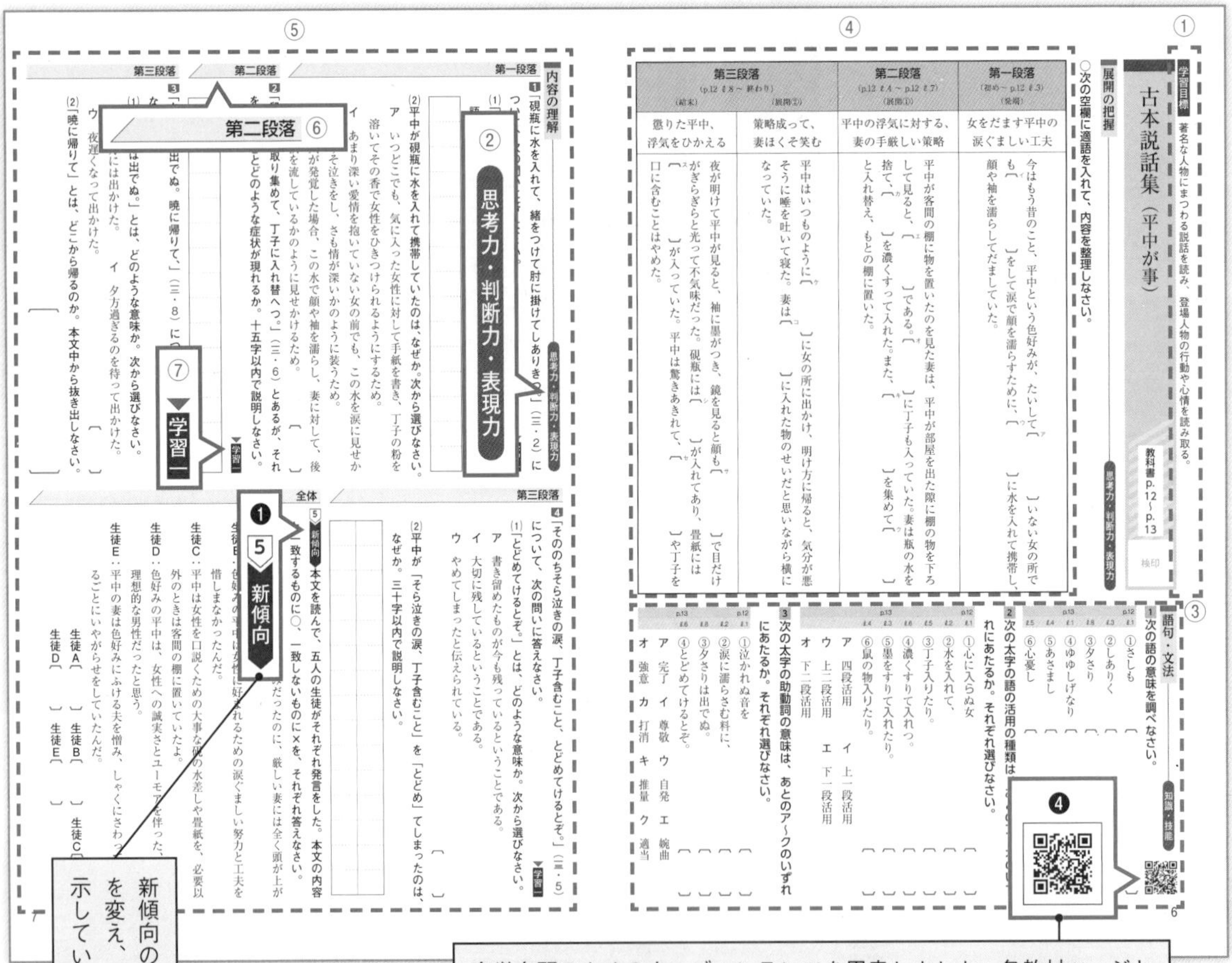

新傾向の設問はデザインを変え、わかりやすく表示しています。

自学自習のためのウェブコンテンツを用意しました。各教材ページと目次に設けた二次元コードを読み込むことで利用できます。

各教材ページ…その教材ごとのコンテンツにジャンプします。

目次ページ…コンテンツの一覧画面にジャンプします。
※利用に際しては、一般に、通信料が発生します。

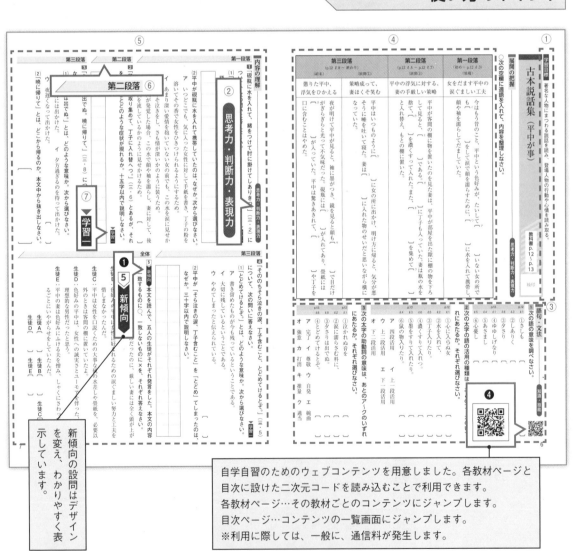

ベースに、本文の内容や設定、主題を整理したものを用意しました。要点となる箇所を埋めていく空欄補充形式で、本文全体の構成や展開を把握することができます。

⑤内容の理解　客観問題と記述問題とをバランスよく用意し、本文読解にあたって、重要な点を押さえられるようにしました。

◇教科書の学習と関連づける

⑥帯　「語句・文法」「語句・句法」の上部に教科書の本文掲載ページ・行を示す帯、「内容の理解」の上部に意味段落などを示す帯を付け、教科書と照合しやすくしました。

⑦脚問・学習・活動　教科書の「脚問」「学習（活動）の手引き」と関連した問いの下部に、アイコンを付けました。

◆本書の特色

❶新傾向問題　「内容の理解」で、最近の入試傾向をふまえ、会話形式や条件付き記述などの問いを、適宜設定しました。

❷活動　教科書収録教材と、他の文章・資料とを読み比べる、特集ページを設けました。

❸入試問題に挑戦　教科書採録作品や同作者の文章を用いた入試問題の改題を用意しました。

❹ウェブコンテンツ　「古文編」の古文単語の設問を、ウェブ上で繰り返し取り組めるように、二次元コードを設置しました。

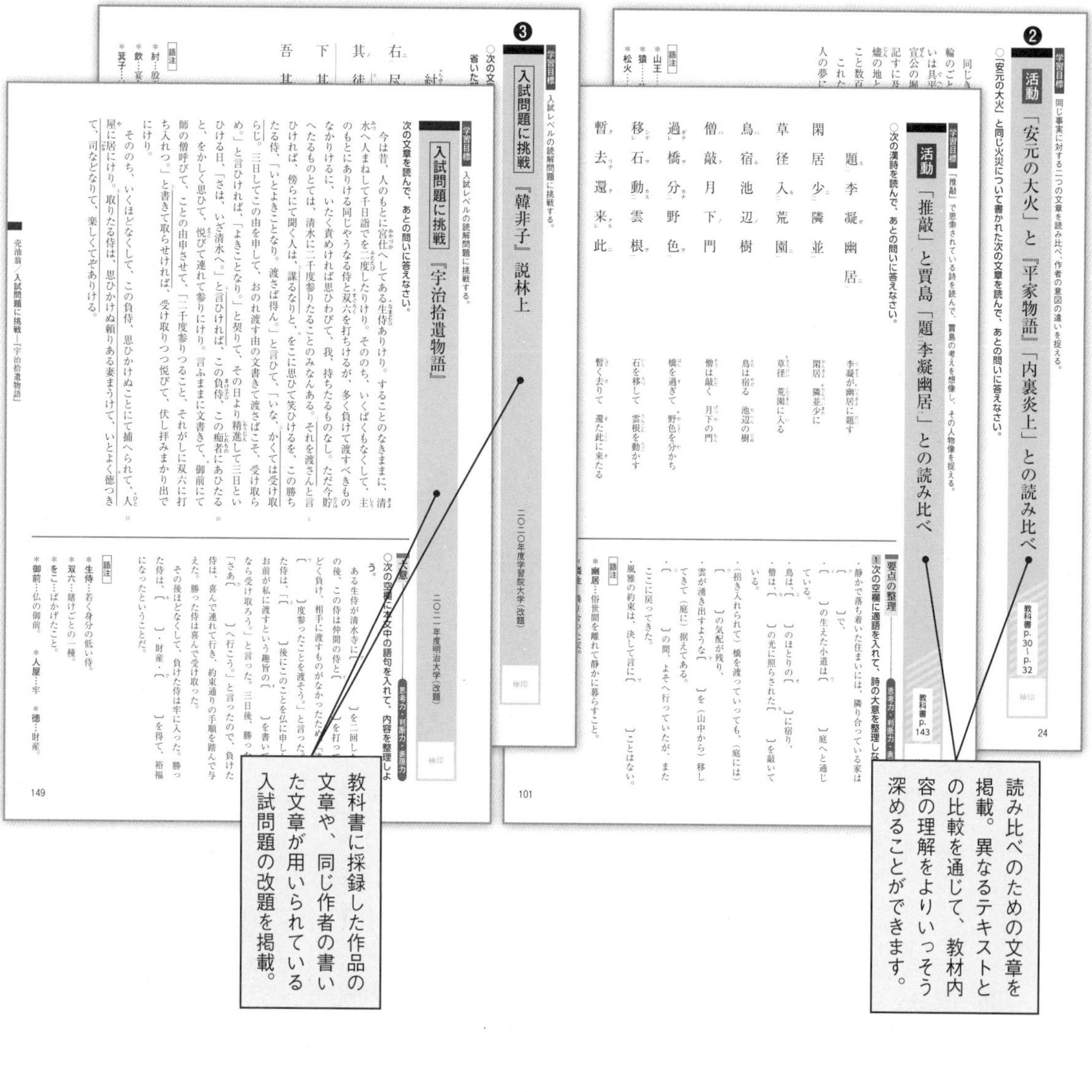

読み比べのための文章を掲載。異なるテキストとの比較を通じて、教材内容の理解をよりいっそう深めることができます。
教科書に採録した作品の文章や、同じ作者の書いた文章が用いられている入試問題の改題を掲載。

目次

古文編・第Ⅰ部

古文編・第Ⅱ部

漢文編・第Ⅰ部

漢文編・第Ⅱ部

入試問題に挑戦

プラスウェブ

下にある二次元コードから、ウェブコンテンツの一覧画面に進むことができます。

https://dg-w.jp/b/7c50001

学習目標 著名な人物にまつわる説話を読み、登場人物の行動や心情を読み取る。

古本説話集（平中が事）

教科書p.12～p.13

検印

展開の把握　思考力・判断力・表現力

○次の空欄に適語を入れて、内容を整理しなさい。

第一段落（初め～p.12 ℓ.3）（発端）	第二段落（p.12 ℓ.4～p.12 ℓ.7）（展開①）	第三段落（p.12 ℓ.8～終わり）（展開②）	（結末）
女をだます平中の涙ぐましい工夫	平中の浮気に対する、妻の手厳しい策略	策略成って、妻ほくそ笑む	懲りた平中、浮気をひかえる
今はもう昔のこと、平中という色好みが、たいして〔ア　　〕いない女の所でも〔イ　　〕をして涙で顔を濡らすために、〔ウ　　〕に水を入れて携帯し、顔や袖を濡らしてだましていた。	平中が客間の棚に物を置いたのを見た妻は、平中が部屋を出た隙に棚の物を下ろして見ると、〔エ　　〕である。〔オ　　〕に丁子も入っていた。妻は瓶の水を捨て、〔カ　　〕を濃くすって入れた。また、〔キ　　〕を集めて〔ク　　〕と入れ替え、もとの棚に置いた。	平中はいつものように〔ケ　　〕に女の所に出かけ、明け方に帰ると、気分が悪そうに唾を吐いて寝た。妻は〔コ　　〕に入れた物のせいだと思いながら横になっていた。	夜が明けて平中が見ると、袖に墨がつき、鏡を見ると顔も〔サ　　〕で目だけがぎらぎらと光って不気味だった。硯瓶には〔シ　　〕が入れてあり、畳紙には〔ス　　〕が入っていた。平中は驚きあきれて、〔セ　　〕や丁子を口に含むことはやめた。

語句・文法　知識・技能

1 次の語の意味を調べなさい。

①さしも（p.12 ℓ.1）〔　　〕
②しありく（ℓ.3）〔　　〕
③夕さり（ℓ.8）〔　　〕
④ゆゆしげなり（p.13 ℓ.1）〔　　〕
⑤あさまし（ℓ.4）〔　　〕
⑥心憂し（ℓ.5）〔　　〕

2 次の太字の語の活用の種類は、あとのア～オのいずれにあたるか。それぞれ選びなさい。

①心に**入ら**ぬ女（p.12 ℓ.1）〔　　〕
②水を**入れ**て、（ℓ.2）〔　　〕
③丁子**入り**たり。（ℓ.5）〔　　〕
④濃くすりて**入れ**つ。（ℓ.6）〔　　〕
⑤墨をすりて**入れ**たり。（p.13 ℓ.3）〔　　〕
⑥鼠の物**入り**たり。（ℓ.4）〔　　〕

ア　四段活用　イ　上一段活用　ウ　上二段活用　エ　下一段活用　オ　下二段活用

3 次の太字の助動詞の意味は、あとのア～クのいずれにあたるか。それぞれ選びなさい。

①泣か**れ**ぬ音を（p.12 ℓ.1）〔　　〕
②涙に濡らさ**む**料に、（ℓ.2）〔　　〕
③夕さりは出で**ぬ**。（ℓ.8）〔　　〕
④とどめ**て**けるとぞ。（p.13 ℓ.6）〔　　〕

ア　完了　イ　尊敬　ウ　自発　エ　婉曲
オ　強意　カ　打消　キ　推量　ク　適当

内容の理解

思考力・判断力・表現力

第一段落

1 「硯瓶に水を入れて、緒をつけて肘に掛けてしありきつ。」（三・2）について、次の問いに答えなさい。

(1)「肘に掛けてしありきつ。」とは、どのような意味か。十五字以内で口語訳しなさい。（句読点を含む） ▼学習一

(2) 平中が硯瓶に水を入れて携帯していたのは、なぜか。次から選びなさい。

ア　いつどこでも、気に入った女性に対して手紙を書き、丁子の粉を溶いてその香で女性をひきつけられるようにするため。

イ　あまり深い愛情を抱いていない女の前でも、この水を涙に見せかけてうそ泣きをし、さも情が深いかのように装うため。

ウ　浮気が発覚した場合、この水で顔や袖を濡らし、妻に対して、後悔の涙を流しているかのように見せかけるため。　〔　　〕

第二段落

2 「鼠の物を取り集めて、丁子に入れ替へつ。」（三・6）とあるが、それを口に含むとどのような症状が現れるか。十五字以内で説明しなさい。 ▼学習一

第三段落

3 「夕さりは出でぬ。暁に帰りて、」（三・8）について、次の問いに答えなさい。

(1)「夕さりは出でぬ。」とは、どのような意味か。次から選びなさい。

ア　夕方には出かけた。　イ　夕方過ぎるのを待って出かけた。

ウ　夜遅くなって出かけた。　〔　　〕

(2)「暁に帰りて」とは、どこから帰るのか。本文中から抜き出しなさい。　〔　　　　〕

第三段落

4 「そののちそら泣きの涙、丁子含むこと、とどめてけるとぞ。」（三・5）について、次の問いに答えなさい。

(1)「とどめてけるとぞ。」とは、どのような意味か。次から選びなさい。 ▼学習一

ア　書き留めたものが今も残っているということである。

イ　大切に残しているということである。

ウ　やめてしまったと伝えられている。　〔　　〕

(2) 平中が「そら泣きの涙、丁子含むこと」を「とどめ」てしまったのは、なぜか。三十字以内で説明しなさい。

全体

5 新傾向　本文を読んで、五人の生徒がそれぞれ発言をした。本文の内容と一致するものに○、一致しないものに×を、それぞれ答えなさい。

生徒A：平中はずいぶん色好みだったのに、厳しい妻には全く頭が上がらなかったんだね。

生徒B：色好みの平中は女性に好まれるための涙ぐましい努力と工夫を惜しまなかったんだ。

生徒C：平中は女性を口説くための大事な硯の水差しや畳紙を、必要以外のときは客間の棚に置いていたよ。

生徒D：色好みの平中は、女性への誠実さとユーモアを伴った、当時の理想的な男性だったと思う。

生徒E：平中の妻は色好みにふける夫を憎み、しゃくにさわってことあるごとにいやがらせをしていたんだ。

生徒A〔　　〕　生徒B〔　　〕　生徒C〔　　〕

生徒D〔　　〕　生徒E〔　　〕

学習目標　説話を読み、登場人物の機転のきいた行動を理解する。

十訓抄（文字一つの返し）

教科書p.14〜p.15

検印

展開の把握

思考力・判断力・表現力

○次の空欄に適語を入れて、内容を整理しなさい。

第一段落 （発端） （初め〜p.14 ℓ.1）	第一段落 （展開） （p.14 ℓ.1〜p.14 ℓ.6）	第一段落 （結末） （p.14 ℓ.6〜p.14 ℓ.8）	第二段落 （解説と編者の評） （p.14 ℓ.9〜終わり）
成範、 罪許され内裏に参上	ある女房、 成範に歌をよみかける	成範の おうむがえし	成範の 当意即妙の歌才
成範卿が（ア　　）の乱に連座して（イ　　）国に（ウ　　）されたが、のちに許されて都に召し返されて、参内なさったときに、	昔は女房の（エ　　）に出入りを許されていたが、今は許されなくなったので、ある（オ　　）が（カ　　）の中から、昔を思い出して、「見し（キ　　）の内や恋しき」とよみかけた。成範卿が（ク　　）をしようと（ケ　　）のそばに寄ったときに、ちょうど小松大臣が参上なさったので、	成範卿はすぐに立ち去ろうとして（コ　　）のかき上げ棒の端の（サ　　）で、「や」文字を消して、脇に「（シ　　）」文字を書いて、（ス　　）の中に差し入れて、宮中を退出なさった。	女房が取って見ると、「（セ　　）」一文字を書いただけで（ソ　　）してあったのは、めったになく（タ　　）なことであった。

語句・文法

知識・技能

1 次の語の意味を調べなさい。

p.14 ℓ.4 ①雲の上（　　）
②玉垂れ（　　）
ℓ.5 ③きは（　　）
ℓ.9 ④ありがたし（　　）

2 次の太字の語は、あとのア〜ケのいずれにあたるか。それぞれ選びなさい。

p.14 ℓ.1 ①**参**ぜられたりけるに、（　　）
ℓ.2 ②**入り立ち**なりし人（　　）
ℓ.3 ③昔を**思ひ出**でて、（　　）
ℓ.7 ④「や」文字を**消ち**て、（　　）
ℓ.9 ⑤取りて**見る**に、（　　）
⑥ありがたかりけり。（　　）

ア　四段活用動詞　イ　上一段活用動詞
ウ　上二段活用動詞　エ　下一段活用動詞
オ　下二段活用動詞　カ　サ行変格活用動詞
キ　ラ行変格活用動詞
ク　形容詞　ケ　名詞

3 次の太字の語は、あとのア〜クのいずれにあたるか。それぞれ選びなさい。

p.14 ℓ.1 ①召し返さ**れ**て、（　　）
ℓ.8 ②出で**られ**にけり。（　　）

ア　自発の助動詞「る」　イ　自発の助動詞「らる」
ウ　可能の助動詞「る」　エ　可能の助動詞「らる」
オ　受身の助動詞「る」　カ　受身の助動詞「らる」
キ　尊敬の助動詞「る」　ク　尊敬の助動詞「らる」

内容の理解

思考力・判断力・表現力

第一段落

1 「今はさもあらざりければ、」(四・2)について、次の問いに答えなさい。

(1)「さ」は、何をさすか。二十字以内で説明しなさい。 ▼脚問1

(2)今はそうでなくなった理由として適当なものを、次から選びなさい。

ア 女房と親しくつきあうことに慣れていなかったから。
イ 歌人としての名声がすっかり失われていたから。
ウ 罪を受けた身であるから。 〔　　〕

2 「女房の、中より、」(四・2)とあるが、何の中からか。本文中の一語で答えなさい。 〔　　〕

3 「昔を思ひ出でて、」(四・3)とあるが、「昔」の具体的内容として適当なものを、次から選びなさい。

ア 成範と深い恋仲であったこと。
イ 成範と御簾越しに歌を交わしていたこと。
ウ 成範が女房の詰め所に入室を許されていたこと。 〔　　〕

4 「雲の上はありし昔に変はらねど」(四・4)とあるが、昔と変わったものがあるとすれば、それは何か。六字以内で答えなさい。(句読点は含まない)

5 「灯籠の火のかき上げの木の端にて、『や』文字を消ちて、そばに『ぞ』文字を書きて、」(四・6)について、次の問いに答えなさい。

(1)どうしてそのようなことをしたのか。理由として適当なものを、次から選びなさい。

第一段落

ア 別の歌をよむ余裕がなかったから。
イ 女房に対して、自分の学識を示そうとしたから。
ウ 小松大臣に対して、敬意を表そうとしたから。 〔　　〕

(2)「ぞ」文字を書いた結果、歌の意味はどう変わったか。解答欄の形式にしたがって、(A)「や恋しき」、(B)「ぞ恋しき」の部分をそれぞれ解釈した上で、その違いを、それぞれ二十八字以内で説明しなさい。ただし、(A)の文末は「……ているが、」とし、(B)の文末は「……ている。」の形とする。 ▼学習二

Aは

Bは

第二段落

6 「ありがたかりけり。」(四・9)について、次の問いに答えなさい。

(1)どういう意味か。十五字以内で口語訳しなさい。(句読点を含む)

(2)何が「ありがたかりけり」というのか。文末を「……こと。」として、十五字以内で答えなさい。 ▼学習三

全体

7 この説話で成範が見せた才知は、王朝以来、歌人・文人がこよなく愛し称賛したものである。どのような才知か。適当なものを、次から選びなさい。

ア 当意即妙の才知　イ 虚々実々の才知　ウ 熟慮断行の才知 〔　　〕

学習目標　著名な人物にまつわる説話を読み、登場人物たちの言動の意味や心情を読み取る。

古今著聞集（小式部内侍が大江山の歌の事）

教科書p.16～p.17

検印

展開の把握

思考力・判断力・表現力

▼学習一

○次の空欄に適語を入れて、内容を整理しなさい。

全一段落				
（起）（初め～p.16 ℓ.2）	（承）（p.16 ℓ.2 ～p.16 ℓ.4）	（転）（p.16 ℓ.4～p.16 ℓ.7）	（結）（p.16 ℓ.7～p.16 ℓ.8）	（添加）（p.16 ℓ.8～終わり）
小式部内侍歌合に選ばれる	定頼のからかい	あっと言わせた小式部内侍の返歌	定頼の狼狽	後日談
和泉式部が保昌の〔ア　〕として〔イ　〕に下ったときに、京で〔ウ　〕があったが、娘の小式部内侍が、〔エ　〕によみ手として選ばれてよむことになった。	定頼の中納言が、からかって〔オ　〕に、「〔カ　〕へおやりになった〔キ　〕は戻って参りましたか。」と、〔ク　〕の中へ声をかけて、〔ケ　〕を通り過ぎなさった。	すると、小式部内侍は、〔コ　〕から半分身を乗り出して、定頼の〔サ　〕の袖をとらえて、「大江山」の歌をよみかけ、「〔シ　〕のいる丹後は遠いので、まだ〔ス　〕もございません。」と答えた。	思いがけないことで、〔セ　〕をすることもできず、定頼は〔ソ　〕をふりきって逃げた。	これ以後、小式部内侍の〔タ　〕としての世の〔チ　〕が立ったそうだ。

語句・文法

知識・技能

1 次の語の意味を調べなさい。

p.16
- ℓ.1 ①下る〔　〕
- ℓ.4 ②局〔　〕
- ③直衣〔　〕
- ℓ.7 ④あさまし〔　〕
- ℓ.8 ⑤返し〔　〕
- ℓ.9 ⑥世おぼえ〔　〕

2 次の太字の動詞の活用の種類と活用形を、あとのア～コからそれぞれ選びなさい。

p.16
- ℓ.1 ①歌合ありけるに、〔　・　〕
- ℓ.3 ②丹後へつかはしける人は〔　・　〕
- ℓ.4 ③過ぎられけるを、〔　・　〕
- ④なかば出でて、〔　・　〕
- ℓ.6 ⑤まだふみもみず〔　・　〕
- ℓ.9 ⑥世おぼえ出で来にけり。〔　・　〕

ア　上一段活用　イ　上二段活用　ウ　下一段活用　エ　下二段活用　オ　四段活用　カ　カ行変格活用　キ　ラ行変格活用　ク　未然形　ケ　連用形　コ　終止形

3 次の太字の助動詞の意味は、あとのア～エのいずれにあたるか。それぞれ選びなさい。

p.16
- ℓ.2 ①歌よみにとられて〔　〕
- ℓ.4 ②局の前を過ぎられけるを、〔　〕
- ℓ.8 ③ひきはなちて逃げられにけり。〔　〕

ア　受身　イ　尊敬　ウ　自発　エ　可能

内容の理解

思考力・判断力・表現力

全一段落

1「京に歌合ありけるに、」（一六・1）とあるが、次の項目のうちから、「歌合」に関係あるものを、四つ選びなさい。

ア 撰者　イ 判者　ウ 紅白　エ 枕詞　オ 持《じ》
カ 序詞　キ 左右　ク 発句　ケ 判詞　コ 本歌取り

〔　〕〔　〕〔　〕〔　〕

2「丹後へつかはしける人は参りにたりや。」（一六・3）について、次の問いに答えなさい。

(1)「丹後へつかはしける」とあるが、何のために丹後へ使いをやったというのか。その目的を三十字以内で説明しなさい。 ▼脚問1

(2)また、丹後へ使いをやったのは、(A)事実であった、(B)事実ではなかった、のいずれかを記号で答え、その根拠にあたる部分を本文中から十字以内で抜き出しなさい。（句読点は含まない）

記号〔　〕　根拠

3「大江山」（一六・6）の歌について、次の問いに答えなさい。 ▼言葉二

(1)「いくの」「ふみ」は、それぞれ何と何との掛詞になっているか答えなさい。

いくの〔　〕と〔　〕
ふみ〔　〕と〔　〕

(2)「ふみ」は、どの言葉の縁語として用いられているか。該当する言葉を歌の中から抜き出しなさい。〔　〕

全一段落

4 新傾向「返しにも及ばず、袖をひきはなちて逃げられにけり。」（一六・8）について、ある生徒が次の文章を書いた。これを読んで、あとの問いに答えなさい。 ▼学習三

この行動から、定頼の心の中に、小式部内侍に対する[A]があったと考えられる。だから、小式部内侍を「丹後へつかはしつる人は……。」とからかったのである。ところが、小式部内侍が[B]ので、返歌もできずに逃げ出すことになってしまったのだった。

(1)空欄Aに入る言葉として適当なものを、次から選びなさい。

ア 侮り　イ 疑念　ウ 嫉妬　〔　〕

(2)空欄Bに入る言葉を三十字以内で答えなさい。

5「歌よみの世おぼえ出で来にけり。」（一六・9）とは、どういう意味か。適当なものを、次から選びなさい。

ア 歌人としてすぐれた歌のよみ方をようやくわかるようになった。
イ 歌人としてその名を世の中に知られるようになった。
ウ 歌人として世の名歌を学び、信頼されることになった。〔　〕

6 本文中に、小式部内侍が女房としては珍しく強気な態度を見せたところがある。その部分を、二十字以内で抜き出しなさい。（句読点を含む）

7 この話の眼目は、小式部内侍のどのような点にあるか。適当なものを、次から選びなさい。

ア 当意即妙の機知　イ 歌道に対する執心
ウ 諧謔に潜む鋭い諷刺　〔　〕

学習目標　随筆の一節を読んで、そこに描かれた人物の人物像や作者の視点を把握する。

徒然草（公世の二位のせうとに）

教科書p.20～p.21

検印

展開の把握

思考力・判断力・表現力　▼学習一

○次の空欄に適語を入れて、内容を整理しなさい。

全一段落（あだ名に立腹する高僧の話）

（主題）（初め～ p.20 ℓ.2）	（具体例）（p.20 ℓ.2 ～ 終わり）
主人公の紹介	あだ名の原因と僧正の反応
良覚僧正という〔ア　　〕人がいた。	僧房のそばに〔イ　　〕があったので、人は「〔ウ　　〕の僧正」とあだ名をつけた。 ↓ 僧正は、このあだ名はふさわしくないと言って、木を切ってしまったが、その跡に〔エ　　〕が残ったので、人は「〔オ　　〕の僧正」とあだ名をつけた。 ↓ 僧正は怒って、切り株を掘り捨てたが、その跡に〔カ　　〕が残ったので、人は「〔キ　　〕の僧正」とあだ名をつけた。 ↓ ●続きを想像して自由に書いてみよう。 〔ク　　〕

語句・文法

知識・技能

1 次の語の意味を調べなさい。

p.20 ℓ.1　①せうと〔　　〕

②腹あし〔　　〕

ℓ.3　③しかるべし〔　　〕

2 次の太字の文法的説明は、あとのア～ウのいずれにあたるか。それぞれ選びなさい。

p.20 ℓ.1　①良覚僧正と**聞こえし**は、

ア　ア行下二段活用動詞連用形＋強意の副助詞「し」

イ　ヤ行下二段活用動詞連用形＋過去の助動詞「き」連体形

ウ　ワ行下二段活用動詞連用形＋サ行変格活用動詞連用形〔　　〕

ℓ.3　②この名、**しかるべからず**とて、

ア　動詞終止形＋命令の助動詞「べし」未然形＋打消の助動詞「ず」終止形

イ　動詞連体形＋可能の助動詞「べし」未然形＋打消の助動詞「ず」連用形

ウ　形容詞未然形＋打消の助動詞終止形〔　　〕

ℓ.5　③その跡、大きなる堀に**てありければ**、

ア　格助詞＋ラ行変格活用動詞連用形

イ　断定の助動詞「なり」連用形＋接続助詞＋ラ行変格活用補助動詞連用形

ウ　完了の助動詞「ぬ」連用形＋接続助詞＋ラ行変格活用補助動詞連用形〔　　〕

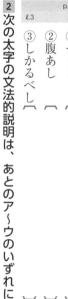

内容の理解

全一段落

思考力・判断力・表現力

1 この文章は、五つの文から構成されている。このことについて、次の問いに答えなさい。

(1) 各文の文末には同じ助動詞が用いられているが、そのうちの三つは終止形として用いられている。その終止形の助動詞を抜き出しなさい。〔　　〕

(2) 残りの二つは、連体形で用いられている。その理由を、十五字以内で簡潔に説明しなさい。

(3) 本文中でのこの助動詞の用法の説明として適当なものを、次から選びなさい。

ア　今まで気づかなかった事実に初めて気づいた感動を表す。
イ　過去の事実があとのある時点まで存続していることを、客観的に述べる。
ウ　過去の事実を他から伝聞・伝承して述べる。〔　　〕

2 「きはめて腹あしき人」（三〇・1）とあるが、この言葉は本文中のある言葉と照応して不調和をもたらしており、この話の眼目となっている。その照応する言葉を二字で抜き出しなさい。

3 「この名、しかるべからず」（三〇・3）とあるが、どのような意味か。次から選びなさい。

ア　この名前は、不都合だ。
イ　この名前は、興味がない。
ウ　この名前は、風流ではない。〔　　〕

全一段落

4 「かの木を切られにけり。」（三〇・3）について、次の問いに答えなさい。

(1) 口語訳として適当なものを、次から選びなさい。

ア　あんな木でも切ろうと思えば切れるものであった。
イ　良覚僧正様があの木を切ってしまわれた。
ウ　あの木を人に切られてしまった。〔　　〕

(2) 右の口語訳を選ぶにあたって、決め手となる助動詞を抜き出し、その文法的意味を答えなさい。

助動詞〔　　〕　意味〔　　〕

5 次の言い方のうち、明らかにからかわれていると思われるものを、二つ選びなさい。

ア　良覚僧正　イ　腹あしき人
ウ　榎の木の僧正　エ　きりくひの僧正
オ　堀池の僧正　〔　　〕〔　　〕

6 この文章のあとで、「良覚僧正」がさらに堀を埋めてしまったとしたら、人々はどうすると考えられるか。次から選びなさい。　▼学習二

ア　人々は良覚僧正に興味を失って、あだ名をつけるのをやめる。
イ　人々は良覚僧正をますます軽蔑して、からかい続ける。
ウ　人々は良覚僧正に対して、また別の名を考え出す。〔　　〕

7 『徒然草』の多くの話から、すぐれた人間描写の普遍性が読み取れるが、この話における兼好法師の視点はどこに注がれているか。次から選びなさい。

ア　人間の弱さ
イ　人間の欲望の深さ
ウ　人間のすばらしさ　〔　　〕

学習目標 随筆の一節を読んで、登場人物の人物像や、話の構成・主題などを捉える。

徒然草（奥山に、猫またといふものありて）

教科書 p.22～p.23

検印

展開の把握

思考力・判断力・表現力 ▼学習一

○次の空欄に適語を入れて、内容を整理しなさい。

第一段落			第二段落
（初め～ p.22 ℓ.5）	（p.22 ℓ.5 ～ p.22 ℓ.12）	（p.22 ℓ.12 ～ p.23 ℓ.5）	（p.23 ℓ.6）
事件発生前の状況	事件の発生	事件の展開・最高潮	結末
奥山に住む「猫また」という〔ア　　〕が京にも現れ、人を食い殺すという〔イ　　〕を聞き、〔ウ　　〕のそばに住む何阿弥陀仏とかいった連歌法師が、〔エ　　〕で歩き回るような者は気をつけねばならないと思った。	（ちょうどそのころ、）下京で連歌をして、〔オ　　〕に一人で帰って来たところ、〔カ　　〕のほとりで、うわさに聞いた「猫また」が、まっしぐらにすっと〔キ　　〕へ寄って来て飛びつき、〔ク　　〕のあたりに食いつこうとした。	法師は〔ケ　　〕を失い、腰も抜けて〔コ　　〕へ転びこんだ。助けを求めて叫び、近くの人々に救出された。連歌の会の〔サ　　〕の扇や小箱なども水につかってしまい、〔シ　　〕助かったという格好で、はうようにして家に入った。	（実は）飼っていた〔ス　　〕が、暗闇でも〔セ　　〕を見分けて飛びついたということである。

語句・文法

知識・技能

1 次の語の読みを現代仮名遣いで書きなさい。

① 端〔　　〕 p.22 ℓ.7
② 肝心〔　　〕 ℓ.12
③ 扇〔　　〕 p.23 ℓ.4
④ 懐〔　　〕
⑤ 希有〔　　〕 ℓ.5

2 次の語の意味を調べなさい。

① ありく〔　　〕 p.22 ℓ.4
② 音〔　　〕 ℓ.8
③ やがて〔　　〕 ℓ.10

3 次の太字の助詞「の」は、あとのア～ウのいずれにあたるか。それぞれ選びなさい。

① 連歌しける法師**の**、行願寺の辺にありけるが、聞きて、〔　　〕 p.22 ℓ.4
② 連歌**の**賭け物取りて、扇・小箱など懐に持たりけるも、〔　　〕 p.23 ℓ.4
③ 飼ひける犬**の**、暗けれど主を知りて、飛びつきたりけるとぞ。〔　　〕 ℓ.6

ア 主格「ガ」を表す。
イ 連体修飾格「ノ」を表す。
ウ 同格「デ」を表す。

4 次の太字の「にて」のうち、他と意味の異なるものを一つ選びなさい。

ア 下なる所**にて**夜更くるまで連歌して、 p.22 ℓ.5
イ 小川の端**にて**、音に聞きし猫また、 ℓ.7
ウ 希有にして助かりたるさま**にて**、 p.23 ℓ.5
〔　　〕

内容の理解

思考力・判断力・表現力

第一段落

1 「奥山に……」（三・1）とあるが、この章段の書き出しの特色を、十二字以内で説明しなさい。

2 「言ふ者ありけるを、」（三・3）とあるが、以下のどこにかかるか。次から選びなさい。

ア 連歌しける　イ ありけるが　ウ 聞きて　［　］

3 次の⑴〜⑷の傍線部の下に、省略されている語がある。適当なものを、あとのア〜カからそれぞれ選びなさい。（同じ記号を二度選んでよい）

⑴何阿弥陀仏とかや、連歌しける法師の、（三・3）［　］
⑵法師の、行願寺の辺にありけるが、聞きて、（三・4）［　］
⑶心すべきことにこそと思ひけるころ、（三・5）［　］
⑷主を知りて、飛びつきたりけるとぞ。（三・6）［　］

ア 法師　イ 所　ウ なれ
エ あれ　オ いふ　カ 思ふ

4 「音に聞きし」（三・8）とあるが、具体的にどのように聞いていたのか。次から選びなさい。　▼脚問1

ア 正体不明の獣の鳴き声を聞いていた。
イ 不確かなうわさとして聞いていた。
ウ 信頼できる情報として聞いていた。　［　］

全体

5 この文章は二段落に分けてあるが、叙述に従って分けると、事件発生前の状況、事件の発生、事件の展開・最高潮、結末とに分けられる。（「展開の把握」参照）

⑴「事件の発生」の叙述では、三つの副詞（副詞句を含む）の効果的なはたらきによって、「猫また」の行動が生き生きと描かれている。該当する副詞（副詞句）を、五字・二字・三字で三つ抜き出しなさい。

⑵「事件の展開・最高潮」の中では、慌てふためいてさんざんな目に遭った法師の行動が生き生きと滑稽に描かれている。その中でも、「猫また」の話であるがゆえに、より効果的に滑稽感を盛り上げている法師の行動描写が見られる。その表現を四字で抜き出しなさい。

全体

6 この話において、滑稽な事件を引き起こした要因として、次のようなことが考えられる。

⑴「事件発生前の状況」における叙述がよく示すように、法師があまりにも用心しすぎたことである。そのことを表す叙述を、二十字以内で抜き出しなさい。

⑵また、「事件の発生」の叙述における「時」「場所」などの三つの状況設定が効果的にはたらいているからである。該当する語句をそれぞれ五字以内で抜き出しなさい。

7 この文章の主題をよく表している諺《ことわざ》として適当なものを、次から選びなさい。

ア 飼い犬に手を噛《か》まれる。
イ 疑心暗鬼を生ず。
ウ 犬も歩けば棒に当たる。　［　］

学習目標　随筆の一節を読んで、登場人物の行動の意味や作者の考えなどを捉える。

徒然草（相模守時頼の母は）

教科書p.24〜p.25

検印

展開の把握

思考力・判断力・表現力

○次の空欄に適語を入れて、内容を整理しなさい。

第一段落（出来事）（初め〜p.24 ℓ.1）	第一段落（出来事）（p.24 ℓ.1〜p.24 ℓ.11）（発端）	（展開）	（結末）	第二段落（見解）（p.24 ℓ.12〜終わり）（添加）
主人公の紹介	障子の破れを繕う禅尼	兄義景の意見	倹約の教え	禅尼への称賛
相模守北条〔ア　　〕の母は、松下禅尼と申した。	〔イ　　〕を招くことがあったとき、禅尼は、すすけた障子の〔ウ　　〕たところだけを、自ら小刀を使って繕った。	兄義景は、まず〔エ　　〕に張り替えさせようと申し上げたが、禅尼は聞き入れなかった。次に義景は、〔オ　　〕を張り替えたほうがよい、〔カ　　〕なのは見苦しいと申し上げた。	禅尼は、〔キ　　〕にはきれいさっぱりと張り替えようと思うが、時頼に〔ク　　〕の道を教えるために、〔ケ　　〕だけはわざとこうしておくのだと申された。	禅尼は〔コ　　〕であるが、〔サ　　〕の根本がわかる立派な人であったそうだ。

語句・文法

知識・技能

1 次の語の意味を調べなさい。

p.24
- ℓ.3 ①せうと〔　　〕
- ②経営す〔　　〕
- ℓ.5 ③よも〔　　〕
- ℓ.13 ④ただ人〔　　〕

2 次の太字の助動詞の意味は、あとのア〜カのいずれにあたるか。それぞれ選びなさい。

p.24
- ℓ.1 ①松下禅尼とぞ申しける。〔　　〕
- ℓ.2 ②明かり障子の破ればかりを、〔　　〕
- ③小刀して切り回しつつ、〔　　〕
- ℓ.13 ④子にて持たれける、〔　　〕

ア 程度　イ 強意　ウ 疑問
エ 限定　オ 手段　カ 資格

3 次の太字の助動詞の意味は、あとのア〜ケのいずれにあたるか。それぞれ選びなさい。

p.24
- ℓ.1 ①守を入れ申さるること〔　　〕
- ℓ.4 ②張らせ候はん。〔　　〕
- ℓ.5 ③心得たる者に候ふ。〔　　〕
- ℓ.6 ④張り替へ候はんは、〔　　〕
- ℓ.7 ⑤たやすく候ふべし。〔　　〕
- ℓ.9 ⑥かくてあるべきなり。〔　　〕
- ℓ.10 ⑦若き人に見ならはせて〔　　〕
- ℓ.12 ⑧聖人の心に通へり。〔　　〕

ア 尊敬　イ 使役　ウ 推量
エ 意志　オ 適当　カ 婉曲
キ 断定　ク 存在　ケ 存続

内容の理解

思考力・判断力・表現力

第一段落

1「なにがし男に張らせ候はん。さやうのことに心得たる者に候ふ。」(三四・4)について、次の問いに答えなさい。

(1)「なにがし男」とは、どのような人か。次から選びなさい。〔　〕

ア　家来　イ　身内　ウ　知人

(2)「さやうのことに心得たる者」とは、具体的にどのような人か。次から選びなさい。〔　〕

ア　小刀を上手に扱うことのできる人

イ　禅尼の気持ちをよく理解できる人

ウ　障子を張ることが上手な人

2「尼が細工によもまさり侍らじ。」(三四・5)とあるが、どのような意味か。二十字以内で口語訳しなさい。(句読点を含む)

3「みなを張り替へ候はんは、はるかにたやすく候ふべし。」(三四・6)とは、どのような意味か。次から選びなさい。〔　〕

ア　みんな一緒になって張り替えましたら、ずっと簡単でしょう。

イ　障子を全部張り替えませんでも、ずっと容易にできます。

ウ　障子を全部張り替えますほうが、ずっと容易でしょう。

4「まだらに候ふも見苦しくや。」(三四・7)のあとに、どのような語句が省略されているか。次から選びなさい。〔　〕

ア　候ひけめ　イ　候はん　ウ　おはしませ

5「わざとかくてあるべきなり。」(三四・9)とあるが、具体的にどのようなことをいったものか。次から選びなさい。〔　〕

ア　誰にも負けないくらい障子を見事に張り替えてみせたこと。

イ　新旧の紙を入り混ぜて、障子をまだらに張り替えたこと。

ウ　わざと誰の手も借りずに障子を全部張り替えたこと。

第一段落

6「若き人に見ならはせて心つけんためなり。」(三四・10)について、次の問いに答えなさい。

(1)「若き人」とは、誰をさすか。次から選びなさい。〔　〕 ▶脚問2

ア　時頼　イ　義景　ウ　家来

(2)「心つけんためなり。」とあるが、「心つく」とはどのような意味か。五字以内で答えなさい。(句読点は含まない)

第二段落

7 新傾向 この文章について次の生徒の会話を読んで、あとの問いに答えなさい。

生徒A：「ただ人にあらざりけり。」と作者が松下禅尼を称賛しているのはなぜだろう。

生徒B：作者は、松下禅尼の考え方を「〔　A　〕」と相通じていると して、高く評価しているね。それは、禅尼が為政者たるものは「〔　B　〕」すべしという考えを持っていたからじゃないかな。

生徒C：つまり、作者は「〔　C　〕」という考えを持っていたけれど、禅尼が同様の考えを持っていたことに感動したんだと思うな。

(1)空欄A・Bに入る語を、Aは四字以内、Bは二字以内でそれぞれ抜き出しなさい。

A

B

(2)空欄Cに入る文として適当なものを、次から選びなさい。〔　〕

ア　質素にすることこそ治世道徳の基本である。

イ　年長者は若者の見本にならなければいけない。

ウ　素人と専門家との相違は日々の鍛練の有無にある。

学習目標　随筆の一節を読んで、内容を理解し、作者の考えを捉える。

徒然草（よろづのことは頼むべからず）

教科書p.26～p.27

検印

展開の把握　思考力・判断力・表現力

○次の空欄に適語を入れて、内容を整理しなさい。

第一段落 （序論） （初め～p.26 ℓ.2）	第二段落 （具体例） （p.26 ℓ.3～p.26 ℓ.8）	第三段落 （具体例） （p.26 ℓ.9～p.26 ℓ.12）	第四段落 （結論） （p.26 ℓ.13～終わり）
主題の提示	頼みにならない事例と理由	頼みにならない 現実の対処法	作者の主張
万事は〔ア　〕にできない。〔イ　〕な人は期待するから、裏切られて〔ウ　〕だり怒ったりすることがあるのである。	頼みにならない事例 ・権勢―〔エ　〕者は真っ先に滅びる。 ・〔オ　〕―あっという間に失う。 ・学問―聖人も登用されない場合がある。 ・〔カ　〕―徳人も報われない場合がある。 ・主従関係―主君に疎まれ、召し使いに背かれる。 ・人間関係―厚意も〔キ　〕も信用できない。	自他を頼みにせず、〔ク　〕・左右に余裕をとり、〔ケ　〕を保てば、衝突して傷つくこともない。〔コ　〕の用い方も同じである。	人は天地の間に存在する最も〔サ　〕なものである。天地が〔シ　〕の広がりを備えるのと人の性も同様である。寛容な心で生きていれば、まわりに〔ス　〕されることもない。

語句・文法　知識・技能

1 次の語の意味を調べなさい。

p.26
- ℓ.3 ①こはし〔　〕
- ℓ.4 ②才〔　〕
- ℓ.5 ③寵〔　〕
- ℓ.6 ④誅〔　〕
- ⑤奴〔　〕

2 冒頭文以下、「頼むべからず」が繰り返されているが、「べし」を次の①～③の意味ととった場合の口語訳を、それぞれ答えなさい。

- ①可能（……デキル）〔　〕
- ②命令（……セヨ）〔　〕
- ③義務（……ベキダ）〔　〕

3 次の太字の「なる」「なり」「なら」は、あとのア～エのいずれにあたるか。それぞれ選びなさい。

p.26
- ℓ.1 ①おろか**なる**人は、〔　〕
- ℓ.5 ②顔回も不幸**なり**き。〔　〕
- ℓ.6 ③誅を受くること速やか**なり**。〔　〕
- ℓ.9 ④是**なる**ときは喜び、〔　〕
- ⑤非**なる**ときは恨みず。〔　〕
- ℓ.12 ⑥やはらか**なる**ときは、〔　〕
- ℓ.13 ⑦人は天地の霊**なり**。〔　〕
- ⑧人の性なんぞこと**なら**ん。〔　〕

ア　ナリ活用形容動詞活用語尾
イ　断定の助動詞「なり」
ウ　推定の助動詞「なり」
エ　ラ行四段活用動詞「なる」

内容の理解

思考力・判断力・表現力

第一段落

1 「おろかなる人」(三六・1)について、次の問いに答えなさい。

(1) この「人」と異なった意味で用いられている「人」を、次から二つ選びなさい。

ア 人の志をも頼むべからず。(三六・7)

イ 身をも人をも頼まざれば、(三六・9)

ウ 人は天地の霊なり。(三六・13)

エ 人の性なんぞことならん。(三六・13)

〔　　〕〔　　〕

(2) 前問(1)で選んだところの「人」は、どのような意味の「人」か。漢字二字で答えなさい。

2 「深くものを頼むゆゑに、恨み、怒ることあり。」(三六・1)とあるが、深くものを頼んだ結果、どのような場合に「恨み、怒る」のか。第三段落から五字で抜き出しなさい。

第二段落

3 「孔子も時に合はず。」(三六・4)とあるが、どのような意味か。次から選びなさい。

ア 孔子の思想は時代を超越するものであった。

イ 孔子も他の思想家と同じように時代に逆らった。

ウ 聖人の孔子でも不遇であった。

〔　　〕

4 「徳ありとて頼むべからず。」(三六・5)とあるが、「徳」とはどのような意味か。次から選びなさい。

ア 「真・善・美の理想」「倫理的な理想」「儒教の理想」

イ 「恵み」「恩沢」「功徳」「お陰」

ウ 「長所」「財産」「経済力」

〔　　〕

第二段落

5 「君の寵をも頼むべからず。」(三六・5)とあるが、なぜ「君の寵」は頼みにできないのか。その理由を、三十字以内で説明しなさい。

第三段落

6 「是なるときは喜び、非なるときは恨みず。」(三六・9)とあるが、このような表現法を何というか。次から選びなさい。

ア 倒置　イ 逆説　ウ 対句

〔　　〕

第四段落

7 「人の性なんぞことならん。」(三六・13)とあるが、「人の性」はどのような点において変わることがないのか。次から選びなさい。

ア 頼みにできない点において。

イ 極限なき点において。

ウ 最も霊妙なものである点において。

〔　　〕

全体

8 新傾向 次は、この文章を読んだ生徒のノートの一部である。表の中の空欄A・Bに入る言葉の組み合わせとして適当なものを、あとから選びなさい。

この文章の作者の主張は、冒頭の「よろづのことは頼むべからず。」という一文に集約されている。「頼むべからず。」として列挙されているものは八つある。この八つの頼みにできないものを、文章中の「身をも人をも頼まざれば」をふまえて、「身」にあたるものと「人」にあたるものとの二種類に分類すると、次のようになる。

▼学習一

・「身」に関わるもの……〔 A 〕

・「人」に関わるもの……〔 B 〕

ア A…勢ひ・財・才・徳　B…君の寵・奴・人の志・約

イ A…君の寵・奴・人の志・約　B…勢ひ・財・才・徳

ウ A…勢ひ・財・君の寵・奴　B…人の志・約・才・徳

エ A…君の寵・約・財・才　B…勢ひ・徳・奴・人の志

〔　　〕

学習目標　随筆の冒頭部分を読んで、表現の特徴や作者の考え、主題などを捉える。

方丈記（ゆく川の流れ）

教科書p.28〜p.29

検印

展開の把握

思考力・判断力・表現力

○次の空欄に適語を入れて、内容を整理しなさい。

第一段落（主題の提示）（初め〜p.28 ℓ.3）	第二段落（主題の例証）（p.28 ℓ.4〜p.28 ℓ.7）	第二段落（主題の例証）（p.28 ℓ.7〜p.28 ℓ.9）	第三段落（主題の反復）（p.29 ℓ.1〜終わり）
無常の道理	すみかの無常	人の無常	無常の人生相
川の〔ア　　〕は絶えないけれども、もとの水ではない。よどみに浮かぶ〔イ　　〕は消えたりできたりして、長く同じ〔ウ　　〕でいることがない。〔エ　　〕と〔オ　　〕もまた同じように、ひとときもそのままあり続けることなく、定めのないものである。	都には家が立ち並び、〔カ　　〕を経てもなくならないようだが、〔キ　　〕たり〔ク　　〕たりして、昔からの家はまれである。	住む人も同じである。住所も変わらず、人も大勢いるけれども、〔ケ　　〕だり〔コ　　〕たりして、絶えず入れ替わっている。	〔サ　　〕はどこからこの世へ来て、どこへ去って行くのか、また、仮の宿りである〔シ　　〕なのに、誰のために心を悩ますのか、わからない。人とすみかの関係は、朝顔の〔ス　　〕とその上に置く〔セ　　〕のようにはかないものである。

語句・文法

知識・技能

1 次の語の意味を調べなさい。

p.28 ℓ.2 ①うたかた〔　　〕

②かつ〔　　〕

③ためし〔　　〕

ℓ.4 ④いやし〔　　〕

2 次の太字の助動詞の意味は、あとのア〜エのいずれにあたるか。それぞれ選びなさい。

p.28 ℓ.3 ①またかくのごとし。〔　　〕

ℓ.5 ②尽きせぬものなれど、〔　　〕

p.29 ℓ.2 ③目を喜ばしむる。〔　　〕

ℓ.4 ④朝日に枯れぬ。〔　　〕

ア 使役　イ 比況　ウ 確述（強意）　エ 打消

3 次の太字の語について、文法的に説明しなさい。

p.28 ℓ.7 ①人も多かれど、〔　　〕

p.29 ℓ.3 ②露に異ならず。〔　　〕

4 「知らず、生まれ死ぬる人、いづ方より来たりて、いづ方へか去る。」（二九・1）は倒置法が用いられている。普通の文語文に改めるとどうなるか。次の空欄①〜③に適当な動詞を入れなさい。

p.29 ℓ.1

〔①　　〕人いづ方より来たりて、〔②　　〕人いづ方へか去るを〔③　　〕ず。

①〔　　〕　②〔　　〕　③〔　　〕

内容の理解

思考力・判断力・表現力

第一段落

1「かくのごとし。」（二六・3）とあるが、この内容を本文中から二文で抜き出し、初めと終わりの四字で答えなさい。（句読点は含まない）

〜

第二段落

2「棟を並べ、甍を争へる、高き、いやしき、人の住まひは、世々を経て尽きせぬものなれど、」（二六・4）について、次の問いに答えなさい。

(1)「甍を争へる」は、どの語にかかっていくか。次から選びなさい。

ア 高き
イ いやしき
ウ 住まひ

〔　〕

(2)「争へる」とあるが、何を競い合っているのか。七字以内で簡潔に答えなさい。（句読点を含む）

3「これをまことかと尋ぬれば、」（二六・5）とあるが、「これ」は何をさすか。次から選びなさい。

ア 人やすみかが川の流れと同じようだという考え。
イ 美しい都の中で、人々が競い合っていること。
ウ 都の中の人の住居が永久に変わらないということ。

〔　〕

4「住む人もこれに同じ。」（二六・7）について、次の問いに答えなさい。

(1)「これ」は、何をさすか。本文中から十字以内で抜き出しなさい。

(2) また、「これ」のさす内容と、「住む人」のどのような点が「同じ」だといっているのか。該当する箇所を抜き出し、初めと終わりの四字で答えなさい。（句読点は含まない）

第二段落

5「朝に死に、夕べに生まるるならひ、」（二六・8）とあるが、「死に」を先にして「生まるる」をあとにしたのはなぜか。その理由と最も関係の深い叙述を、第一段落から十字以内で抜き出しなさい。（句読点は含まない）

〜

6「無常を争ふさま、いはば朝顔の露に異ならず。」（二九・3）とあるが、「朝顔の露に異ならず」とは、どのような意味か。次から選びなさい。

ア 朝顔の花と、その花に宿る露との関係に異なることがない。
イ 朝顔の花が露と競い合う様子とは全く別のものである。
ウ 朝顔の花と露とは、全く同じようなものと考えてよい。

〔　〕

第三段落

7「あるいは露落ちて花残れり。」（二九・4）について、次の問いに答えなさい。

(1)「露」と「花」とは、何をたとえたものか。それぞれ本文中の一字の言葉で答えなさい。 ▼学習二

露〔　〕　花〔　〕

(2) 本文中には対句が多く用いられているが、「露落ちて」に対応している部分を抜き出しなさい。

〔　〕

全体

8 この文章の主題として適当なものを、次から選びなさい。

ア 厭世
イ もののあはれ
ウ 無常

〔　〕

学習目標 大火の様子や被害を記録した文章を読んで、表現の特徴や作者の思いを捉える。

方丈記（安元の大火）

教科書p.30～p.32

検印

展開の把握

思考力・判断力・表現力

○次の空欄に適語を入れて、内容を整理しなさい。

第一段落（初め～p.30 ℓ.2）	第二段落（p.30 ℓ.3～p.30 ℓ.6）	第三段落（p.30 ℓ.7～p.31 ℓ.5）	第四段落（p.31 ℓ.6～終わり）
（序）体験した世の不思議	安元の大火の概況	火事の状況	作者の感想
世の中の物事の（ア　　）がわかるようになってから、四十年の（イ　　）を過ごす間に、不思議な（ウ　　）をしばしば体験した。	安元三年（一一七七）四月二十八日の午後（エ　　）ごろ、都の（オ　　）から出火して、（カ　　）に燃え広がった。（キ　　）をはじめ、大極殿・大学寮・民部省まで、一夜のうちに灰となった。	火もとは、樋口富小路の、（ク　　）が泊まった仮屋だという。吹き迷う（ケ　　）で末広がりに燃え移り、ある者は（コ　　）にむせんで倒れ、ある者は（サ　　）に包まれて死んだ。（シ　　）がすべて灰となった。公卿の家も多く焼け、都の三分の一が焼失し、死者は数十人に及んだ。	人の営みはすべておろかなものであるが、これほど危険な（ス　　）の中に（セ　　）を建てるために、（ソ　　）を使い、心を悩ますことは、つまらないことだ。

語句・文法

知識・技能

1 次の語の意味を調べなさい。

p.30 ℓ.2 ①やや（　　）
ℓ.12 ②うつし心（　　）
p.31 ℓ.1 ③さながら（　　）
ℓ.2 ④費え（　　）
⑤いくそばく（　　）
ℓ.9 ⑥あぢきなし（　　）

2 次の①～⑤の中に、係り結びの結びにあたる「言ふ」あるいは「言へる」の省略されているものがある。省略されているものには○、省略されていないものには×を記しなさい。

p.30 ℓ.7 ①樋口富小路とかや。（　　）
②出で来たりけるとなん。（　　）
ℓ.12 ③うつし心あらんや。（　　）
p.31 ℓ.2 ④その費え、いくそばくぞ。（　　）
ℓ.3 ⑤三分が一に及べりとぞ。（　　）

3 次の文を単語に分けて、文法的に説明しなさい。

例 心（名詞）・を（助詞）・悩ます（サ行四段活用動詞連体形）・こと（名詞）・は（助詞）

p.31 ℓ.9 すぐれてあぢきなくぞ侍る。

（　　　　）

第三段落

内容の理解

思考力・判断力・表現力

1 「とかく移りゆくほどに、」（三〇・8）について、次の問いに答えなさい。

(1) 「とかく」とあるが、どのような意味か。次から選びなさい。

ア あちらこちらへ　イ とにかく　ウ ややもすれば　［　　］

(2) 「移りゆく」とあるが、何が「移りゆく」のか。次から選びなさい。

ア 風　イ 舞人　ウ 火　［　　］

2 「遠き家は煙にむせび、」（三〇・9）とあるが、「家」が「むせび」といった修辞法を何というか。三字で答えなさい。

3 「その中の人、うつし心あらんや。」（三〇・12）について、次の問いに答えなさい。

(1) 「その中の人」とあるが、「その中」とはどの中か。次から選びなさい。

ア 「扇を広げたるがごとく末広になりぬ。」と書かれた延焼地域の中。

イ 「空には灰を吹きたてたれば、火の光に映じて、あまねく紅なる中」と書かれた「紅なる」の中。

ウ 「風に堪へず、吹き切られたる炎、飛ぶがごとくして、一、二町を越えつつ移りゆく」中。　［　　］

(2) 「うつし心あらんや。」を、三十字以内で口語訳しなさい。

4 「その費え、」（三一・2）とあるが、「費え」の中に含まれないと思われるものを、次から二つ選びなさい。

ア 資材　イ 七珍万宝　ウ 灰燼　エ 馬・牛　オ 人の営み　［　　］［　　］

第三段落

5 「ましてそのほか、数へ知るに及ばず。」（三一・3）とあるが、「数へ知るに及ばず」と同じ意味のことを本文中の他の箇所では別の言葉で表現している。その表現を抜き出しなさい。　［　　］

6 新傾向 この文章には、次の図のような対句的表現が見られる。A・Bに該当する一文をそれぞれ本文中から抜き出し、初めの五字で答えなさい。

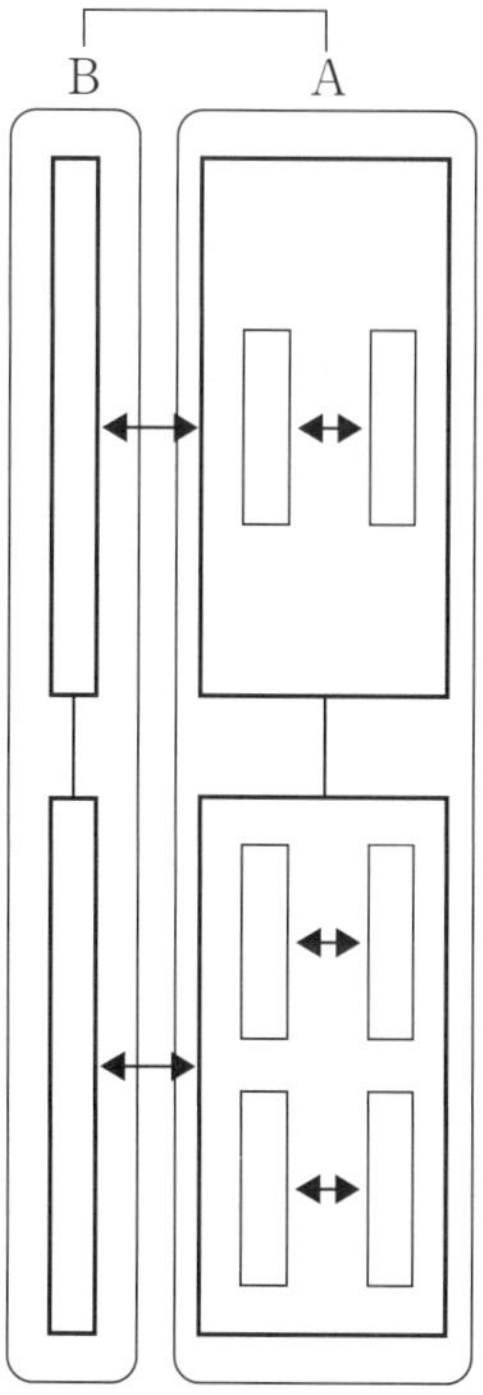

A

B

全体

7 この文章の内容、表現と合致するものを二つ、次から選びなさい。

ア この文章は、作者が四十歳になるまでの間に体験した超自然的事件について、簡潔に、かつ詠嘆的に記録している。

イ 安元の大火が、折からの大風で一挙に燃え広がり、次第に収束していったさまを、扇の形という比喩であざやかに表現している。

ウ 大火は過去のことであるが、その描写には、過去形ばかりでなく現在形もまじえて、目前に見るように生き生きと表現している。

エ この災害について述べるにあたり、作者の視線は、京都に建つ家々と、そこに住んでいる人間のことに向けられている。

オ この災害によって、京の建造物・文化財が多く失われたが、作者はその損失を具体的に記録し、災害に対する備えのなさを嘆いている。　［　　］［　　］

学習目標　同じ事実に対する二つの文章を読み比べ、作者の意図の違いを捉える。

活動　「安元の大火」と『平家物語』「内裏炎上」との読み比べ

教科書p.30〜p.32

検印

○「安元の大火」と同じ火災について書かれた次の文章を読んで、あとの問いに答えなさい。

同じき四月二十八日、亥《ゐ》の刻ばかり、樋口富小路《ひぐちとみのこうぢ》より、火出で来て、辰巳《たつみ》の風激しう吹きければ、京中多く焼けにけり。大きなる車輪のごとくなるほむらが、三町五町を隔てて、戌亥《いぬゐ》の方へすぢかへに飛び越え飛び越え焼けゆけば、恐ろしなんどもおろかなり。あるいは具平親王《ぐへいしんわう》の千種殿《ちくさどの》、あるいは北野の天神の紅梅殿、橘逸成《きついつせい》のはひ松殿、鬼《おに》殿、高松殿、鴨居殿、東三条《とうさんでう》、冬嗣《ふゆつぎ》の大臣《おとど》の閑院殿《かんゐんどの》、昭《せう》宣《ぜん》公の堀河殿、これをはじめて、昔今の名所三十余か所、公卿《くぎやう》の家だにも十六か所まで焼けにけり。そのほか殿上人・諸大夫《だいぶ》の家々は記すに及ばず。果ては大内《たいだい》に吹きつけて、朱雀《しゆしやく》門よりはじめて、応天門・会昌《くわいしやう》門・大極殿《だいごくでん》・豊楽《ぶらく》院・諸司《しよし》八省・朝所《あいたんどころ》、一時がうちに灰《くわい》燼《じん》の地とぞなりにける。家々の日記、代々の文書《もんじよ》、七珍万宝《しつちんまんぼう》、さながら塵灰《ちりはひ》となりぬ。その間の費え、いかばかりぞ。人の焼け死ぬること数百人、牛・馬のたぐひは数を知らず。

これただごとにあらず、山王《＊さんわう》の御咎《とが》めとて、比叡山《ひえいざん》より大きなる猿＊どもが二三千おりくだり、手々《てんで》に松火《＊まつび》をともいて京中を焼くとぞ、人の夢には見えたりける。

（『平家物語』「内裏炎上」）

語注

＊山王……滋賀県大津市坂本にある日吉大社の祭神。また、その異称。日吉大社は天台宗の護法神としても信仰された。
＊猿……猿は日吉大社の使者とされていた。
＊松火……たいまつ。

展開の把握

思考力・判断力・表現力

○次の空欄に適語を入れて、内容を整理しなさい。

第一段落	第二段落
火災の概要	火災の原因
同年〔一一七七年〕〔ア　　〕、午後十時ごろ、樋口富小路から、出火して、〔イ　　〕からの風が激しく吹き、京の中が多く焼けてしまった。大きな〔ウ　　〕のような炎が、〔エ　　〕の方角へ飛び越え燃えてゆくので、〔オ　　〕という言葉だけでは言い尽くせない。具平親王の千種殿など、昔や今の〔カ　　〕は三十余か所、〔キ　　〕の家さえも十六か所まで焼けてしまった。そのほか焼けてしまった家々は、多すぎて記すことができない。しまいには〔ク　　〕に炎が吹きつけて、〔ケ　　〕をはじめとして、多くの門や役所が、〔コ　　〕時間のうちに焼け野原になってしまった。家々に伝わる日記、代々伝えられてきた文書、すばらしい宝物の数々は、すべて〔サ　　〕となってしまった。その間の〔シ　　〕は、どれほどであったことか。焼死者は数百人、牛・馬などはどのくらい死んだか、数もわからない。	これはただごとではなく、〔ス　　〕権現のおとがめであるとして、比叡山から大きな〔セ　　〕たちが二、三千匹下りてきて、それぞれが〔ソ　　〕をともして京の都を焼くのだと、ある人の〔タ　　〕には見えたそうである。

語句・文法

知識・技能

1 次の語の意味を調べなさい。

ℓ1 ①亥の刻〔　　〕

ℓ2 ②辰巳（方角）〔　　〕

③ほむら〔　　〕

④戌亥（方角）〔　　〕

⑤すぢかへ〔　　〕

⑥おろかなり〔　　〕

ℓ5 ⑦及ぶ〔　　〕

⑧果て〔　　〕

ℓ6 ⑨さながら〔　　〕

⑩費え〔　　〕

ℓ7 ⑪たぐひ〔　　〕

2 次の太字の語が形容詞か形容動詞の場合は、あとのア〜エからその品詞と活用の種類を選び、形容詞か形容動詞でない場合には×を書きなさい。

ℓ1 ①辰巳の風**激しう**吹きければ、〔　　〕

②京中**多く**焼けにけり。〔　　〕

ℓ2 ③車輪の**ごとくなる**ほむらが、〔　　〕

④**恐ろし**なんどもおろかなり。〔　　〕

⑤恐ろしなんども**おろかなり**。〔　　〕

ℓ8 ⑥比叡山より**大きなる**猿どもが〔　　〕

ア　形容詞・ク活用

イ　形容詞・シク活用

ウ　形容動詞・ナリ活用

エ　形容動詞・タリ活用

内容の理解

思考力・判断力・表現力

1 『平家物語』「内裏炎上」における火災の様子をまとめた。次の問いに答えなさい。

(1) 次の項目にあてはまる言葉を、『平家物語』「内裏炎上」の本文中から抜き出しなさい。

①日付 〔　　　〕

②出火時刻 〔　　　〕

③火元 〔　　　〕

④焼死した人数 〔　　　〕

(2) 新傾向 前問(1)の①～④の項目を『方丈記』「安元の大火」と比較した場合、異なっているものがある。①～④のうち、異なっている項目の番号をすべて答えなさい。

〔　　　〕

2 『平家物語』「内裏炎上」の八行目「これ」のさしている部分を抜き出し、初めと終わりの五字で答えなさい。（句読点を含む）

□□□□□ ～ □□□□□

3 『平家物語』「内裏炎上」では、この火災の原因についてどのようなことが述べられているか。三十字以内で説明しなさい。

4 『方丈記』「安元の大火」の火災の原因についての記述から読み取れることは何か。それを説明した次の文の空欄①・②に入る言葉を、①は『方丈記』「安元の大火」の本文から一文で抜き出し、②には適当な一語を入れなさい。

「安元の大火」の本文中に「〔　①　〕」とあり、『平家物語』「内裏炎上」と比してより〔　②　〕的な原因と記述されている。

① 〔　　　〕

② 〔　　　〕

5 新傾向 次の図は、『平家物語』「内裏炎上」と『方丈記』「安元の大火」の二つの文章について、ある生徒が自分の考えをまとめたものである。図の中の空欄①～⑥に入る言葉をあとからそれぞれ選びなさい。ただし、一度選んだものは他では使えないものとする。

火災の原因の違い ← 作品中における火災の意味づけの違い

『平家物語』「内裏炎上」
〔　①　〕が〔　②　〕を使って、〔　③　〕を戒めている。

『方丈記』「安元の大火」
〔　④　〕が〔　⑤　〕を使って、〔　⑥　〕を戒めている。

ア 天　イ 人の営み　ウ 人々
エ 火事の事実　オ 火事　カ 作者

①〔　　〕 ②〔　　〕 ③〔　　〕
④〔　　〕 ⑤〔　　〕 ⑥〔　　〕

学習目標 物語の中で和歌が果たしている役割をおさえながら、場面と登場人物の心情を捉える。

伊勢物語（初冠）

教科書p.36～p.37

検印

展開の把握

思考力・判断力・表現力

○次の空欄に適語を入れて、内容を整理しなさい。

第一段落（事件） 発端（初め～p.36 ℓ.2）	第一段落（事件） 展開（p.36 ℓ.2～p.36 ℓ.3）	第一段落（事件） 結末（p.36 ℓ.3～p.37 ℓ.1）	第二段落（感想） 補足（p.37 ℓ.1～終わり）
旧都に狩りに行った男	美しい姉妹を垣間見る	恋心を即座に歌によむ	男のよんだ歌の解説
昔、ある男が〔ア　　〕をして、〔イ　　〕の都の春日の里に、〔ウ　　〕のある縁で、狩りに出かけた。	その里に、とても若々しく美しい〔エ　　〕が住んでいた。男は、彼女たちを〔オ　　〕してしまった。	思いがけず、さびれた〔カ　　〕にたいそう不似合いな〔キ　　〕であったので、男は心がひかれて乱れてしまった。そこで、自分の着ていた〔ク　　〕の狩衣の〔ケ　　〕を切って、その場にふさわしい恋の〔コ　　〕を書きつけて贈った。	男のよんだ歌は、「みちのくのしのぶもぢずりたれゆゑに乱れそめにし我ならなくに」という古歌の〔サ　　〕をふまえてよんだものである。昔の人は、このような熱烈で〔シ　　〕な振る舞いをしたのである。

語句・文法

知識・技能

1 次の語の意味を調べなさい。

p.36 ℓ.1 ①初冠〔　　〕
②領る〔　　〕
ℓ.2 ③なまめく〔　　〕
④はらから〔　　〕
ℓ.3 ⑤ふるさと〔　　〕
ℓ.4 ⑥はしたなし〔　　〕
p.37 ℓ.1 ⑦ついで〔　　〕
ℓ.4 ⑧心ばへ〔　　〕
⑨いちはやし〔　　〕
⑩みやび〔　　〕

2 「乱れそめにし」（三七・3）は「乱れそめ・に・し」から成る。この三つの活用語の終止形を、それぞれ答えなさい。

p.37 ℓ.3〔　　〕

3 次の太字の「に」は、あとのア～カのいずれにあたるか。それぞれ選びなさい。

p.36 ℓ.1 ①狩り**に**いにけり。〔　　〕
ℓ.3 ②ふるさと**に**いとはしたなくて〔　　〕
ℓ.4 ③心地惑ひ**に**けり。〔　　〕
p.37 ℓ.3 ④たれゆゑ**に**〔　　〕

ア ナ変動詞連用形活用語尾　イ ナリ活用形容動詞連用形活用語尾
ウ 断定の助動詞連用形　エ 格助詞
オ 完了の助動詞連用形　カ 接続助詞

内容の理解

思考力・判断力・表現力

第一段落

1 「思ほえず、ふるさとにいとはしたなくてありければ、心地惑ひにけり。」（三六・3）について、次の問いに答えなさい。

(1)「思ほえず」とあるが、この言葉はどの語句にかかるか。次から選びなさい。

ア ふるさとに　イ はしたなくてありければ　ウ 心地惑ひにけり　〔　　〕

(2)「いとはしたなくて」は「たいそう不似合いなさまで」という意味であるが、何と何とが不似合いであると述べているか。十五字以内の現代語で答えなさい。（句読点を含む）

(3)「心地惑ひにけり。」とあるが、この心情とほぼ同じ表現を本文中から抜き出しなさい。

〔　　〕

2 「春日野の若紫のすり衣しのぶの乱れ限り知られず」（三六・8）の歌について、次の問いに答えなさい。

(1)「春日野の若紫のすり衣」は、「しのぶの乱れ」を美しく表現するための飾りの言葉である。このような修辞法を何というか。次から選びなさい。

ア 縁語　イ 枕詞　ウ 序詞　〔　　〕

(2)「若紫」とあるが、これは何をたとえたものか。該当するものを本文中から抜き出しなさい。▼脚問2

〔　　〕

3 「おいつきて」（三七・1）を脚注のように「大人ぶって」と解釈するのは、本文を「老いつきて」と考えるからである。これとは対照的な男に関する表現を本文中から抜き出しなさい。

〔　　〕

第一段落

4 「みちのくの」（三七・3）の歌について、次の問いに答えなさい。

(1)「しのぶもぢずり」とあるが、この言葉の縁語が歌に用いられている。次から二つ選びなさい。

ア みちのく　イ たれ　ウ ゆゑ　エ 乱れ　オ そめ　カ なら　〔　　〕〔　　〕

(2)「たれゆゑに乱れそめにし我ならなくに」とは、どのような意味か。次から選びなさい。

ア 私の心が乱れた理由は誰も知らないのです。

イ 私の心を乱したのはいったい誰でしょうか。

ウ 私の心が乱れたのはもっぱらあなたのせいです。　〔　　〕

第二段落

5 「歌の心ばへなり。」（三七・4）とあるが、「春日野の」の歌は「みちのくの」の歌とどのような点で発想が同じだというのか。二十五字以内で説明しなさい。▼学習二

全体

6 「昔人は、かくいちはやきみやびをなむしける。」（三七・4）とあるが、「いちはやきみやび」とは、「男」のどのような行為をほめて言ったものか。該当する箇所を、二十五字以内で抜き出しなさい。（句読点を含む）▼学習四

学習目標　物語の中で和歌が果たしている役割をおさえながら、場面と登場人物の心情を捉える。

伊勢物語（通ひ路の関守）

教科書p.38〜p.39

検印

展開の把握　思考力・判断力・表現力

○次の空欄に適語を入れて、内容を整理しなさい。

第一段落（事件）（初め〜p.38 ℓ.4）	第一段落（事件）（p.38 ℓ.4〜p.38 ℓ.7）	第一段落（事件）（p.38 ℓ.8〜p.38 ℓ.12）	第二段落（注記）（p.38 ℓ.13〜終わり）
（発端）忍んで通う男	（展開）通い路の番人	（結末）男の歌の効用	（補足）後人の注記
昔、ある男が東の〔ア　〕あたりに住む女の所に、ひどくこっそり通っていた。ひそかに通う所なので、〔イ　〕から入るわけにはいかず、子供たちが踏み壊した〔ウ　〕のくずれた所から通っていた。	そこは、〔エ　〕の多い所ではないが、男の〔オ　〕がたび重なったので、家の主人が聞きつけて、通い路に毎晩〔カ　〕を置いて監視させたため、男は女に会えなくなった。	そこで、男がその〔キ　〕思いを訴える歌をよんだところ、男の歌を知った女がひどく心を痛めたので、家の主人は〔ク　〕に思い、男の〔ケ　〕を許した。	この話は、実は男が〔コ　〕の所にこっそり通っていたのだが、世間の〔サ　〕になったので、それを知った後の〔シ　〕たちが守らせたのだということである。

語句・文法　知識・技能

1 次の語の意味を調べなさい。

p.38 ℓ.2 ①みそかなり〔　〕
ℓ.3 ②築地〔　〕
ℓ.4 ③しげし〔　〕
ℓ.13 ④聞こえ〔　〕

2 次の太字の「なる」「なれ」「なり」は、ア〜クのいずれにあたるか。それぞれ選びなさい。

p.38 ℓ.2 ①みそか**なる**所なれば、〔　〕
②みそかなる所**なれ**ば、〔　〕
ℓ.5 ③たび重**なり**ければ、〔　〕

ア　断定の助動詞連体形
イ　断定の助動詞已然形
ウ　推定の助動詞連体形
エ　推定の助動詞連用形
オ　ラ行四段活用動詞連用形の一部
カ　ラ行四段活用動詞已然形
キ　形容動詞連用形活用語尾
ク　形容動詞連体形活用語尾

3 「寝ななむ」（三八・10）の文法的説明として適当なものを、次から選びなさい。

p.38 ℓ.10

ア　ナ行下二段活用動詞連用形＋確述（強意）の助動詞「ぬ」の未然形＋願望の終助詞
イ　ナ行下一段活用動詞未然形＋完了の助動詞「ぬ」の未然形＋強意の係助詞
ウ　ナ行下二段活用動詞未然形＋願望の終助詞＋強意の係助詞

〔　〕

内容の理解

思考力・判断力・表現力

第一段落

1 「みそかなる所なれば、」（三八・2）について、次の問いに答えなさい。

(1)「みそかなる所」とあるが、どのような所か。十二字以内で簡潔に説明しなさい。

(2)「みそかなる」は「ひそかなる」と同じで、五十音図の同段の音が入れ替わった「同段通韻」である。これと同じ同段通韻の語が本文中に見られる。抜き出して、解答例に従って答えなさい。

例 けむり⇔けぶり

〔　　⇔　　〕

2 「人しげくもあらねど、」（三八・4）とあるが、下のどの語句にかかっているか。次から選びなさい。

ア たび重なりければ
イ あるじ聞きつけて
ウ 夜ごとに人を据ゑて守らせければ

〔　　〕

3 「その通ひ路」（三八・6）とあるが、どこをさすか。該当する箇所を、本文中から抜き出しなさい。

〔　　〕

4 「夜ごとに人を据ゑて守らせければ、行けどもえあはで帰りけり。」（三八・6）について、次の問いに答えなさい。

(1)「守らせければ」とあるが、「守る」とはどのような意味か。十字以内で説明しなさい。

(2)また、「守らせ」たそのやり方は、ずいぶん厳しいものであったことが想像できる。そのことをよく表している一語を、歌の中から抜き出しなさい。

〔　　〕

第一段落

5 「いといたう心やみけり。」（三八・11）とあるが、主語は誰か。次から選びなさい。 ▼脚問1

ア 男　イ あるじ　ウ 二条の后

〔　　〕

6 新傾向 「二条の后に忍びて参りけるを、……せうとたちの守らせ給ひけるとぞ。」（三八・13〜三九・1）について、ある生徒が次のようにノートにまとめた。これを読んで、あとの問いに答えなさい。 ▼学習一

・「A」という表現から、この一文が、それまでの内容（第一段落）について後人が加筆したものであると考えられる。

・この一文は、第一段落の内容についての B になっている。この B によって、「東の五条わたり」に住んでいたとされる女性が、実は C であったことがわかる。

第二段落

(1)空欄Aに入る言葉を、本文中から二字で抜き出しなさい。

(2)二か所ある空欄Bには同じ言葉が入る。その言葉として適当なものを次から選びなさい。

ア 注釈　イ 反論　ウ 続編

〔　　〕

(3)空欄Cに入る言葉を四字で抜き出しなさい。

全体

7 この話には、歌物語としての歌の効用（歌徳）を端的にうかがうことのできる箇所がある。その箇所を、本文中から十字以内で抜き出しなさい。（句読点を含む）

学習目標 物語の中で和歌が果たしている役割をおさえながら、場面と登場人物の心情を捉える。

伊勢物語（小野の雪）

教科書p.40〜p.41

検印

展開の把握

思考力・判断力・表現力

○次の空欄に適語を入れて、内容を整理しなさい。

第一段落（明） 出家前の親王との交わり		第二段落（暗） 出家後の親王との交わり	
（起）（初め〜p.40 ℓ.4）	（承）（p.40 ℓ.4〜p.40 ℓ.10）	（転）（p.40 ℓ.10〜p.41 ℓ.3）	（結）（p.41 ℓ.3〜終わり）
翁、親王の狩りのお供	親王、翁の帰宅を許さず	隠棲された小野へ、翁参上	泣く泣く京に帰る
昔、惟喬親王の水無瀬への〔ア　〕のお供に、〔イ　〕の長官である翁がお仕え申し上げた。幾日かたって、〔ウ　〕の御殿に帰られた。	すぐに〔エ　〕を願ったが、〔オ　〕や禄を下さってお許しがない。翁は〔カ　〕乞いの歌をよんだが、親王は寝ずに夜を明かされた。	思いがけず親王が〔キ　〕なさった。正月に、翁は〔ク　〕を冒して訪ね、寂しいご様子だったので、〔ケ　〕のことなど話してお慰め申し上げた。	〔コ　〕もあるので、今の〔サ　〕な親王を悲しむ歌をよみ、泣く泣く〔シ　〕に帰った。

語句・文法

知識・技能

1 次の語句の意味を調べなさい。

p.40 ℓ.5 ①禄〔　〕
ℓ.6 ②心もとながる〔　〕
ℓ.9 ③つごもり〔　〕
ℓ.10 ④大殿籠る〔　〕
ℓ.11 ⑤思ひのほかなり〔　〕
ℓ.12 ⑥御髪下ろす〔　〕
p.41 ℓ.1 ⑦強ひて〔　〕

2 次の太字の「し」は、あとのア〜エのいずれにあたるか。それぞれ選びなさい。

p.40 ℓ.1 ①通ひ給ひし惟喬の親王、〔　〕
ℓ.2 ②狩りしにおはします〔　〕
ℓ.4 ③御送りして、とくいなむ〔　〕
ℓ.10 ④明かし給うてけり。〔　〕
⑤かくしつつ、まうでつかうまつり〔　〕
ℓ.12 ⑥御髪下ろし給うてけり。〔　〕

ア　サ行四段活用動詞の連用形活用語尾
イ　サ行変格活用動詞「す」の連用形
ウ　過去の助動詞「き」の連体形
エ　強意の副助詞

3 「頼まれなくに」（四〇・8）の「れなく」について説明した次の文の空欄に、適語を入れなさい。

p.40 ℓ.8

「れ」は〔a　〕の助動詞「る」の未然形で、「なく」は〔b　〕の助動詞「〔c　〕」の未然形「な」に、名詞を作る〔d　〕語「く」が接続したもの。

内容の理解

思考力・判断力・表現力

第一段落

1 「この右馬頭、心もとながりて、」(四・6)とあるが、右馬頭の翁のどのような心情を表しているか。次から選びなさい。

ア　退出のお許しが待ち遠しく心せいて
イ　ご褒美を早くいただきたくじれったくて
ウ　親王のお気持ちが頼りなく不安になって

〔　　〕

2 「枕とて」(四・7)の歌について、次の問いに答えなさい。

(1) 「秋の夜」とあるが、これは何を暗示しているか。次から選びなさい。

ア　時間が長い　イ　色づく木の葉　ウ　美しい月

〔　　〕

(2) 「枕とて草ひき結ぶこともせじ」とよんだ右馬頭の翁の、旅寝はしたくないという意向を、惟喬親王は逆手にとったと思われるふしがある。そのことがわかる一文を抜き出し、初めの五字で答えなさい。(句読点を含む)

3 「時は弥生のつごもりなりけり。」(四・9)について、次の問いに答えなさい。

(1) この叙述は、「枕とて」の歌を理解するうえで、どのような役割を果たしているか。二十五字以内で説明しなさい。

(2) また、この叙述は、後半の内容との関連において、どのような役割を果たしているか。十五字以内で説明せよ。

第二段落

4 「思ひのほかに、」(四・11)とあるが、右馬頭の翁が予期していたことは、どのようなことと思われるか。次から選びなさい。

ア　惟喬親王と楽しく酒をくみかわすこと。
イ　惟喬親王と夜を徹して話し合うこと。
ウ　惟喬親王がやがて天皇になられること。

〔　　〕

5 「さても候ひてしがなと思へど、」(四・3)とあるが、右馬頭の翁がそのように考えたのはなぜか。その理由にあたる箇所を抜き出し、初めと終わりの五字で答えなさい。(句読点は含まない)

〜

6 「①忘れては　②夢かとぞ思ふ　③思ひきや　④雪踏み分けて　⑤君を見むとは」(四・5)の歌について、次の問いに答えなさい。

(1) この歌には、不幸な惟喬親王の運命を見つめて泣く、右馬頭の翁の無量の感慨が二重の倒置になって表れている。これを普通の散文の順序に改めるとしたらどうなるか。空欄に傍線部の数字を入れて答えなさい。

〔　〕→〔　〕→〔③〕→〔　〕→〔②〕

(2) 「忘れては」とあるが、どのようなことを「忘れては」と言っているのか。次から選びなさい。

ア　「時は弥生のつごもり」であるということ。
イ　「御髪下ろし給うてけり」ということ。
ウ　「おほやけごとどもあり」ということ。

〔　　〕

全体

7 この話は、何を主題としているか。適当なものを、次から選びなさい。

ア　惟喬親王の隠棲
イ　右馬頭の翁の風雅
ウ　惟喬親王と右馬頭の翁の親交

〔　　〕

学習目標　物語を読んで、場面設定や人物の心情などを捉える。

竹取物語（火鼠の皮衣）

教科書p.42〜p.45　検印

展開の把握　思考力・判断力・表現力

○次の空欄に適語を入れて、内容を整理しなさい。

第一段落（展開）（初め〜p.43 ℓ.9）	第二段落（最高潮）（p.43 ℓ.10〜p.44 ℓ.2）	（結末）（p.44 ℓ.2〜p.44 ℓ.7）	第三段落（添加）（p.44 ℓ.8〜終わり）
右大臣、皮衣を持参	焼いてみると偽物	しおれて帰る右大臣	「あへなし」の語源
阿倍の右大臣は〔ア　　〕を持って、竹取の翁の家を訪れた。すばらしく立派な皮衣であるが、かぐや姫は本物かどうかわからないと言う。翁と〔イ　　〕は、今回は必ずこの右大臣とかぐや姫は〔ウ　　〕するだろうと期待した。	かぐや姫は、皮衣が〔エ　　〕かどうか確かめるために焼いてみることを翁に〔オ　　〕する。右大臣に伝えると同意したので、〔カ　　〕にくべて焼いてみると、皮衣はめらめらと焼けてしまった。	皮衣が焼けるのを見て、〔キ　　〕は顔面蒼白となるが、〔ク　　〕は大喜びで、皮衣に添えて贈られた歌に〔ケ　　〕をする。右大臣は、何も言わずに帰って行った。	世間の人々は、阿倍の右大臣がかぐや姫との結婚に〔コ　　〕したことを知って、それ以来、目的が遂げられなくてがっかりするようなことを、「〔サ　　〕」と言うようになった。

語句・文法　知識・技能

1 次の語の意味を調べなさい。

- p.43 ℓ.2 ①うるはし〔　　〕
- ②わきて〔　　〕
- ℓ.5 ③わぶ〔　　〕
- ℓ.6 ④あふ〔　　〕
- ℓ.8 ⑤せちなり〔　　〕
- ⑥いな〔　　〕
- ⑦ことわりなり〔　　〕
- p.44 ℓ.9 ⑧住む〔　　〕
- ℓ.15 ⑨あへなし〔　　〕

2 次の太字の「せ」は、あとのア〜クのいずれにあたるか。それぞれ選びなさい。

- p.43 ℓ.5 ①わびさせ奉らせ給ひそ。〔　　〕
- ②わびさせ奉らせ給ひそ。〔　　〕
- p.44 ℓ.7 ③よき人にあはせむと〔　　〕
- ℓ.5 ④名残なく燃ゆと知りせば〔　　〕

ア　使役の助動詞　　イ　使役の助動詞の一部
ウ　尊敬の助動詞　　エ　尊敬の助動詞の一部
オ　過去の助動詞
カ　下二段活用動詞の一部
キ　サ変動詞　　ク　サ変動詞の一部

3 「やもめなるを嘆かしければ、」（四三・7）に用いられている活用語を抜き出し、終止形で答えなさい。

p.43 ℓ.7〔　　〕

内容の理解

思考力・判断力・表現力

第一段落

1 「これをと思ひ給ひね。」（三・4）は「これをと思っておしまいなさい。」という意味である。「これを」の次に、どのような言葉が省略されているか。本文中から一語で抜き出しなさい。

〔　　〕

2 「人ないたくわびさせ奉らせ給ひそ。」（三・5）とあるが、「人」は誰をさすか。次から選びなさい。 ▼脚問1

ア かぐや姫
イ 右大臣
ウ 竹取の翁や嫗

〔　　〕

3 「え強ひねば、ことわりなり。」（三・8）とあるが、「え強ひねば、」の次にどのような内容の言葉を補えば意味が明白になるか。次から選びなさい。 ▼脚問2

ア 今度こそは結婚するだろうと期待するのも
イ 右大臣をはじめ多くの人が求婚するのも
ウ かぐや姫に結婚を勧めるのも

〔　　〕

第二段落

4 「さればこそ。」（四・2）を口語訳しなさい。

〔　　〕

5 「大臣、これを見給ひて、顔は草の葉の色にてゐ給へり。」（四・2）について、次の問いに答えなさい。 ▼脚問4

(1)「草の葉の色」とあるが、右大臣のどのような様子を表したものか。その様子を十五字以内で説明しなさい。

(2)また、右大臣のどのような心情がうかがえるか。適当なものを、次から二つ選びなさい。

ア 驚愕　イ 激怒
ウ 不安　エ 苦悩
オ 緊張　カ 落胆

〔　　〕〔　　〕

第二段落

6 「名残なく……」（四・5）の歌について、次の問いに答えなさい。

(1)この歌には、「せば……まし」と事実に反することを仮に想像する反実仮想の表現が用いられている。事実として適当なものを、次から二つ選びなさい。

ア 皮衣は跡形なく燃えると思っていた。
イ 皮衣が燃えるとは思っていなかった。
ウ 皮衣なんか求めはしなかった。
エ 皮衣を求めたのは正しかった。
オ ずいぶん気をもんでしまった。
カ たいして気にせずに過ごせた。

〔　　〕〔　　〕

(2)「思ひ」はここではどのような意味か。次から選びなさい。

ア 希望
イ 疑惑
ウ 不安

〔　　〕

(3)「思ひ」の「ひ」の縁語として適当なものを、次から二つ選びなさい。

ア 名残　イ 燃ゆ
ウ 知り　エ 皮衣
オ ほか　カ おき

〔　　〕〔　　〕

全体

7 この文章を読むと、かぐや姫が大臣に要求した「火鼠の皮衣」には、どのような特徴があるとわかるか。十二字以内で説明しなさい。

学習目標　物語を読んで、話の内容や人物の心情などを捉える。

竹取物語（かぐや姫の昇天）

教科書 p.46～p.49

検印

展開の把握

思考力・判断力・表現力

○次の空欄に適語を入れて、内容を整理しなさい。

第一段落（初め～p.47 ℓ.4）	第二段落（p.47 ℓ.5～p.47 ℓ.15）	第三段落（p.48 ℓ.1～p.49 ℓ.3）	第三段落（p.49 ℓ.3～終わり）
天人と翁の会話	かぐや姫の翁への手紙①	かぐや姫の帝への手紙	かぐや姫の昇天
飛ぶ〔ア　　〕に乗った王らしい人が竹取の翁に早くかぐや姫を差し出すように求める。翁は〔イ　　〕するが、天人がかぐや姫に〔ウ　　〕をかけると、戸や格子が開き、守られていた〔エ　　〕から外に出てしまう。人々はただ〔オ　　〕て泣いていた。	かぐや姫は、泣き伏す翁に、〔カ　　〕だけでもしてほしいと願うが、翁は聞き〔キ　　〕ず泣くので、脱ぎ置く衣を〔ク　　〕として、手紙を置く。	天人が持参した〔ケ　　〕の薬を勧めると、かぐや姫は少しなめて〔コ　　〕に残そうとするが、天人は許さない。〔サ　　〕を着せようとする天人を制して〔シ　　〕に手紙を書いた。〔ス　　〕の心と歌を記した手紙を〔セ　　〕の薬を添えて〔ソ　　〕に渡す。	天人が天の羽衣を着せると、かぐや姫は〔タ　　〕をいとしく思う心も失せ、車に乗って〔チ　　〕に昇った。

語句・文法

知識・技能

1 次の語の意味を調べなさい。

- p.46 ℓ.1 ①清らなり〔　　〕
- ℓ.6 ②そこら〔　　〕
- ℓ.9 ③あたふ〔　　〕
- p.47 ℓ.12 ④本意なし〔　　〕
- p.48 ℓ.2 ⑤聞こしめす〔　　〕
- ℓ.8 ⑥心もとながる〔　　〕
- ℓ.9 ⑦おほやけ〔　　〕
- ℓ.13 ⑧なめげなり〔　　〕
- p.49 ℓ.4 ⑨かなし〔　　〕

2 次の太字の語の品詞と敬語の種類は、あとのア～オのいずれにあたるか。それぞれ選びなさい。

- p.46 ℓ.8 ①しばしおはしつるなり。〔　・　〕
- ℓ.9 ②はや出だし奉れ。〔　・　〕
- ℓ.12 ③え出でおはしますまじ。〔　・　〕
- p.47 ℓ.11 ④ほどまで侍らむ。〔　・　〕
- p.48 ℓ.2 ⑤壺なる御薬奉れ。〔　・　〕
- ℓ.9 ⑥御文奉り給ふ。〔　・　〕
- ℓ.10 ⑦あまたの人を給ひて〔　・　〕
- ⑧とどめさせ給へど、〔　・　〕
- ℓ.11 ⑨取り率てまかりぬれば、〔　・　〕
- ⑩宮仕へつかうまつらず〔　・　〕
- ℓ.13 ⑪承らずなりにしこと、〔　・　〕
- ℓ.14 ⑫心にとどまり侍りぬる。〔　・　〕

ア　動詞　イ　補助動詞
ウ　尊敬語　エ　謙譲語　オ　丁寧語

内容の理解

思考力・判断力・表現力

第一段落

1「身を変へたるがごとなりにたり。」(四六・6)とあるが、これは具体的に誰がどのようになったことを表しているか。簡潔に説明しなさい。 ▼脚問1

〔　　〕

第二段落

2「泣きて伏せれば、心惑ひぬ。」(四七・8)を、主語を適切に補って口語訳しなさい。 ▼脚問3

〔　　〕

第三段落

3「天人、『遅し。』と心もとながり給ふ。」(四八・7)について、次の問いに答えなさい。

(1)天人は、どのようなことを「遅い。」とじれったく思っているか。次から選びなさい。

ア　かぐや姫が天の羽衣をなかなか着ないこと。
イ　かぐや姫が手紙を意識的にゆっくり書いていること。
ウ　かぐや姫が天上界へ帰る覚悟を決めること。

〔　　〕

(2)この天人の態度と対照的に描かれているかぐや姫の態度を、本文中から十字以内で抜き出しなさい。(句読点を含む)

4「おほやけに御文奉り給ふ。」(四八・9)について、次の問いに答えなさい。

(1)その手紙の中でかぐや姫は、宮仕えしなかった理由をどのように説明しているか。次から選びなさい。

ア　いずれ天上界に帰らねばならないことを知っていたから。
イ　身分が低いので、帝の后になるのは恐れ多いことだと思ったから。
ウ　年老いた養い親の翁夫婦のことが気にかかって、離れることが悲しかったから。

〔　　〕

(2)かぐや姫が手紙をしたためた態度は、どのようなものであったか。次から選びなさい。

ア　月の都の人らしく、情に流されない理知的な態度を貫いている。
イ　情理を尽くし、謙虚な態度で一貫している。
ウ　感情をおさえきれなくなり、悲嘆にくれてしまっている。

〔　　〕

第三段落

5「君をあはれと思ひ出でける」(四九・1)とあるが、「君」とは誰のことか。本文中から抜き出しなさい。

〔　　〕

全体

6 新傾向 この文章についての次の生徒の会話を読んで、あとの問いに答えなさい。 ▼学習三

生徒A：この話の中で、天の羽衣は〔　A　〕を果たしているようだ。
生徒B：だから、天の羽衣を身にまとったかぐや姫は、〔　B　〕のだね。

(1)空欄Aに入る言葉を、次から選びなさい。

ア　天地の間を飛行往来する仙鶴《せんかく》の翼の役割
イ　天人であることを人間に示す制服の役割
ウ　天人の霊性や力を復活させる衣の役割

〔　　〕

(2)空欄Bに入る文を、次から選びなさい。

ア　一瞬のうちに人間的な心を失い、地上での恩愛の情も悩みも消え、自分がもといた月の都へ帰ってしまった
イ　人間と天人との差が明白となり、不老不死の月へ早く帰ることを自らも望み、積極的に昇天しようとした
ウ　地上は穢《きたな》い所で人間も醜悪だと感じ、美しい月の都を恋しく思い、早く地上から逃れたいと思うようになった

〔　　〕

学習目標 編纂意図に留意しながら説話を読んで、登場人物の人物像や教訓を読み解く。

沙石集（児の知恵）

教科書p.52〜p.53

検印

展開の把握

思考力・判断力・表現力

○次の空欄に適語を入れて、内容を整理しなさい。

第一段落		第二段落	第三段落
（前半）（初め〜p.52 ℓ.4）	（後半）（p.52 ℓ.4〜p.52 ℓ.7）	（p.52 ℓ.8〜p.53 ℓ.4）	（p.53 ℓ.5〜終わり）
（発端）うそつきでけちな坊主	（展開）児の行動	（最高潮）思いも寄らぬ児の知恵	（結末）編者の評
ある山寺に、欲深くけちな坊主がいた。〔ア　　〕を作って一人で食べ、寺の児には〔イ　　〕と死ぬと言って食べさせないので、児は食べたいと思った。	坊主がお勤めに出たとき、〔ウ　　〕から飴を下ろし、二、三杯たっぷりと食べて、（坊主の）大事な〔エ　　〕を雨垂れ〔オ　　〕にぶつけて壊した。	坊主が帰り、〔カ　　〕ている児に訳を尋ねると、大事な水瓶を〔キ　　〕で割ったので、死のうと思い、食べると〔ク　　〕とおっしゃった〔ケ　　〕を食べたが、死にませんと言った。	飴は食われ、水瓶は割られて、けちな坊主は〔コ　　〕するところがない。児の〔サ　　〕は実に優れているよ。

語句・文法

知識・技能

1 次の語の意味を調べなさい。

p.52 ℓ.2 ①したたむ〔　　〕
p.53 ℓ.1 ②よしなし〔　　〕
ℓ.3 ③おほかた〔　　〕
ℓ.6 ④ゆゆし〔　　〕
⑤むげなり〔　　〕

2 次の太字の語の品詞は、あとのア〜エのいずれにあたるか。それぞれ選びなさい。

p.52 ℓ.1 ①**ある**山寺の坊主、〔　　〕
②**ただ**一人食ひけり。〔　　〕
ℓ.4 ③**あはれ**、食はばや、食はばや。〔　　〕

ア　接続詞　イ　感動詞　ウ　副詞
エ　連体詞

3 文を、音読するときに言葉として不自然にならない範囲で小さく区切った、その一つ一つの単位を文節という。次の①・②の文を文節に区切り、／（斜線）で示しなさい。

例　ただ／一人／食ひけり。

p.53 ℓ.1 ①命 生 き て も よ し な し と 思 ひ て、
ℓ.5 ②飴 は 食 は れ て、水 瓶 は 割 ら れ ぬ。

内容の理解

思考力・判断力・表現力

第一段落

1「よくしたためて棚に置き置きしける」（五三・2）とあるが、この行為と同じ意味を表す言葉を、本文中から二字で抜き出しなさい。

2「一人ありける小児に食はせずして、」（五三・2）とあるが、なぜ児には食べさせなかったのか。次から選びなさい。 ▼学習一

ア　仏道修行中の児には、心を迷わすものと考えていたから。
イ　欲が深く、児に食べさせるのが惜しかったから。
ウ　子供が食べると死ぬと思い込んでいたから。　〔　　〕

3「この児さめほろと泣く。」（五三・8）について、次の問いに答えなさい。

(1)「さめほろと泣く」とは、どのように泣いたのか。次から選びなさい。 ▼脚問1

ア　ぽとりぽとりと涙を落とし、少しばかり泣いた。
イ　声をあげて涙あふれんばかりに泣いた。
ウ　涙をしきりに流して静かに泣いた。　〔　　〕

(2)児が泣いたのはなぜか。その理由を、次から選びなさい。

ア　つまらないいたずらをしたと後悔したから。
イ　弁明をもっともらしくしようとしたから。
ウ　坊主に勘当されるのが心配だったから。　〔　　〕

第二段落

4「いかなる御勘当かあらんずらん」（五三・9）の口語訳として適当なものを、次から選びなさい。

ア　どのようなお叱りがあるだろうか。
イ　どのようにして叱責されるだろうか。
ウ　どのようにおとがめを受けてもしかたがない。　〔　　〕

5「二、三杯まで食べて候へども、」（五三・2）の理由として、「命生きてもよしなし」（五三・1）と思ったからと児は言っているが、実際はどのように思ったからか。本文中の五字の言葉で答えなさい。（句読点は含まない）

第二段落

6「とぞ言ひける。」（五三・4）とあるが、児の言ったこの言葉に、坊主が返す言葉がなかったのはなぜか。その理由に関係の深い児の言葉を、次から選びなさい。

ア　過ちに打ち割りて候ふときに、
イ　いかなる御勘当かあらんずらんと、
ウ　人の食へば死ぬと仰せられ候ふものを、　〔　　〕

第三段落

7坊主と児の人物像について、次の問いに答えなさい。

(1)坊主の人柄を端的に表している言葉を、第三段落から二字で抜き出しなさい。 ▼学習三

(2)説話集の編者は、児をどのように評価しているか。次から選びなさい。

ア　知恵は子供じみているが、学問の才能は大人顔負けである。
イ　知恵はよくまわるが、学問の才能はそれほどでもない。
ウ　知恵はそらおそろしいほどであり、学問の才能も相当なものである。　〔　　〕

全体

8坊主が失敗したのは、仏の教えに背いたからである。この話から、仏の教えを二つ、「…（する）な。」の形で、それぞれ七字以内で簡潔に答えなさい。

学習目標　編纂意図に留意しながら説話を読んで、人物像や内容を理解し、教訓を読み解く。

沙石集（いみじき成敗）

教科書p.54～p.55

検印

展開の把握

思考力・判断力・表現力

▶学習一

○次の空欄に適語を入れて、内容を整理しなさい。

第一段落（初め～p.54 ℓ.11）			第二段落（p.54 ℓ.12～終わり）		
（発端）	（展開）		（最高潮）	（結末）	
主人公紹介	正直で心やさしい夫婦	欲に目がくらんだ落とし主	国守の眼力	正直者の勝利	賞賛された国守の裁定
中国に〔ア　〕夫婦がいて、〔イ　〕を売って〔ウ　〕を立てていた。〔エ　〕で、夫が六枚の〔オ　〕を拾って来た。	妻は〔カ　〕な人で、落とし主は嘆き探しているだろうと、広く触れ回ったところ、持ち主が現れ、うれしさのあまり、三枚をお礼にしようと言った。	分けるときになって落とし主は惜しくなり、〔キ　〕枚あったが、一枚足りないと〔ク　〕をつけたので、国守に〔ケ　〕を仰ぐことになった。	国守は〔コ　〕の確かな人で、落とし主は〔サ　〕であり、拾った男は〔シ　〕であると判断するが、男の〔ス　〕にも問いただし、落とし主が〔セ　〕をついていることを確信すると、	判決として、「両者とも〔ソ　〕に見える。落とし主は〔タ　〕枚あったという銀貨を探せ。」と言って、〔チ　〕枚の銀貨は夫婦にくださった。	宋朝の人々は、国守の見事な〔ツ　〕をほめそやしたということであった。

語句・文法

知識・技能

1 次の語の読みを書きなさい。

p.54 ℓ.1 ①唐土〔　　〕
ℓ.2 ②銀〔　　〕
ℓ.12 ③眼〔　　〕

2 次の語の意味を調べなさい。

p.54 ℓ.1 ①いやし〔　　〕
ℓ.10 ②ことわる〔　　〕
ℓ.12 ③さかし〔　　〕
p.55 ℓ.7 ④ののしる〔　　〕

3 「論ずる」（五四・10）の「ずる」と文法的に同じものを、次の①～④の太字から選びなさい。〔　　〕

p.54 ℓ.8 ①七つこそあり**し**に、
ℓ.12 ②眼さか**し**くして、
p.55 ℓ.1 ③夫が申し状に少しも違は**ず**。
ℓ.3 ④証拠なければ、判**じ**がたし。

4 文の①・④の太字の「こそ」「や」「ぞ」に対する結びの語をそれぞれ抜き出しなさい。また、②・③の「や」「こそ」の省略されている結びを、あとのア～オからそれぞれ選びなさい。

p.54 ℓ.8 ①六つある**こそ**不審なれ。〔　　〕
ℓ.9 ②一つをば隠されたるに**や**。〔　　〕
p.55 ℓ.5 ③別の人のに**こそ**。〔　　〕
ℓ.6 ④いみじき成敗と**ぞ**、あまねくほめののしりける。〔　　〕

ア　侍り　イ　侍る　ウ　侍れ
エ　あらん　オ　あらめ

内容の理解

思考力・判断力・表現力

第一段落

1「我らは商うて過ぐれば、ことも欠けず。」（五四・3）について、次の問いに答えなさい。

(1)「商うて」とあるが、具体的には何をしているのか。本文中の四字の言葉で答えなさい。

(2)「ことも欠けず。」とは、どういう意味か。十字以内で答えなさい。（句読点を含む）

2「いとほしきことなり。」（五四・5）の意味を、次から選びなさい。

ア 親近感をおぼえる。　イ 気の毒なことである。

ウ 迷惑なことである。　〔　　〕

3「煩ひを出ださんために、」（五四・8）とあるが、なぜか。二十字以内で説明しなさい。

第二段落

4「かの妻を召して、別の所にして、ことの子細を尋ぬるに、」（五四・13）について、次の問いに答えなさい。

(1)国守は何のために別の所で尋ねたのか。二十字以内で答えなさい。

(2)その結果、国守はどのように考えたか。そのことがわかる箇所を、国守の判決の言葉から十字以内で抜き出しなさい。

第二段落

5「ともに正直の者と見えたり。」（五五・3）について、次の問いに答えなさい。

(1)国守は、なぜそのようなことを言ったのか。次から選びなさい。

ア 夫婦も落とし主も正直に告白していないと見抜いたが、このままでは両者が納得する判決が下せないと考えたから。

イ 夫婦も落とし主もうそを言っていないと気づいたので、とりあえず両者の顔を立ててやろうと考えたから。

ウ 落とし主のうその話を正直な告白として扱うことで、あとで落とし主に話を撤回させまいと考えたから。　〔　　〕

(2)国守の判決の言葉に、前問(1)と同じ理由から念押しとなっている言葉がある。十五字以内で抜き出しなさい。（句読点を含む）

6「いみじき成敗」（五五・6）とあるが、国中の人々がこのように国守を称賛したのはなぜか。次から選びなさい。　▼学習二

ア 国法にのっとって正しく判決したから。

イ 正直者が得をするような裁定を下したから。

ウ 拾い主と落とし主の言い分を公平に聞いたから。　〔　　〕

全体

7 新傾向 この説話から読み取れる教訓として適当なものを、次からすべて選びなさい。

ア くよくよと思い悩むな。

イ 目上の者の意見には従え。

ウ 心清く素直であるべきだ。

エ 妻の言うことに耳を傾けよ。

オ 欲のためにうそをつくな。　〔　　〕

学習目標　中国の思想家の逸話に取材した説話を読んで、たとえ話の意味を読み解く。

宇治拾遺物語（のちの千金の事）

教科書p.56〜p.57

検印

展開の把握　思考力・判断力・表現力

○次の空欄に適語を入れて、内容を整理しなさい。

第一段落（初め〜p.56 ℓ.3）（発端）	第二段落（p.56 ℓ.4〜p.57 ℓ.9）（展開）	（最高潮）	（結末）	第三段落（p.57 ℓ.10）（添加）
状況設定	あとうの言葉	荘子の言葉・「轍鮒の急」のたとえ	荘子の言葉・自分の問題	故事成語の誕生
〔ア　　〕に荘子という人がいた。家が貧しくて隣のかんあとうに、今日食べる〔イ　　〕を請うた。	あとうが、「もう〔ウ　　〕したら〔エ　　〕の金が入るので、それをあげよう。」と言うので、	荘子が、「昨日、〔オ　　〕のわずかな水にばたばたする鮒に会った。『助けてくれ。』と言うので、『もう二、三日したら〔カ　　〕へ行くから、連れて行って、放してあげよう。』と答えると、『今、一杯の〔キ　　〕がほしいのだ。』と言うので、助けてやった。	この〔ク　　〕と今の私は同じである。私の今日の〔ケ　　〕は、食べなかったら、全く生きてはおれない。あとから〔コ　　〕を得ても、全く〔サ　　〕である。」とあとうに答えた。	この話のあと、「〔シ　　〕」という言葉が〔ス　　〕になった。

語句・文法　知識・技能

1 次の語の意味を調べなさい。

- p.56 ℓ.1 ①唐土〔　　〕
- ℓ.5 ②やんごとなし〔　　〕
- ③参る〔　　〕
- p.57 ℓ.5 ④さらに〔　　〕
- ℓ.10 ⑤名誉す〔　　〕

2 次の太字の動詞の活用の種類は、あとのア〜オのいずれにあたるか。それぞれ選びなさい。

- p.56 ℓ.4 ①いま五日ありて**おはせ**よ。〔　　〕
- p.57 ℓ.3 ②我を**助け**よと思ひて、〔　　〕
- ℓ.6 ③のどを**うるへ**よ。〔　　〕

ア　上一段活用　イ　上二段活用

ウ　下一段活用　エ　下二段活用

オ　サ行変格活用

3 次の太字の「し」は、あとのア〜オのいずれにあたるか。それぞれ選びなさい。

- p.56 ℓ.6 ①おのが恥なるべ**し**。〔　　〕
- ℓ.7 ②返り見れば、人な**し**。〔　　〕
- ℓ.9 ③少**し**ばかりの水に、〔　　〕
- p.57 ℓ.4 ④遊び**し**に行かんとす。〔　　〕
- ℓ.7 ⑤させてなん助け**し**。〔　　〕

ア　サ行変格活用動詞連用形

イ　副詞の一部

ウ　過去の助動詞「き」の連体形

エ　推量の助動詞の一部

オ　ク活用形容詞の一部

内容の理解

思考力・判断力・表現力

第二段落

1 「返す返すおのが恥なるべし。」（五六・6）とあるが、何を「恥」だといっているのか。次から選びなさい。 ▼脚問1

ア　今日食べるだけのほんのわずかの食べ物さえも隣人に提供できないような、わが身の貧しさ。

イ　荘子ほどの高貴な人にわずかばかりの恵みを施すといった、礼を失したことをすること。

ウ　千両という大金を渡すつもりであるが、荘子ほどの高貴な人を五日間も待たせてしまうこと。

〔　　〕

2 「昨日、道をまかりしに、」（五六・6）とは、どのような意味か。次から選びなさい。

ア　昨日、回り道をしたところ

イ　昨日、宮中からの帰りに

ウ　昨日、道を通っていましたところ

〔　　〕

3 「さらにそれまでえ待つまじ。」（五七・5）とは、どのような意味か。次から選びなさい。

ア　絶対にそれまで待つつもりはありません。

イ　もちろんそれまで待たないのがよいでしょう。

ウ　とてもそれまで待つことはできないでしょう。

〔　　〕

4 「さてなん助けし。」（五七・7）とあるが、「さて」は具体的に本文中のどの部分を受けているか。適当な一文を抜き出し、初めの五字で答えなさい。

□□□□□

全体

5 『荘子』を原典とするこの話は、故事成語として知られている。

(1) その故事成語は「のちの千金」ともいい、「轍鮒の急」ともいう。「轍」とは、どのような意味か。その意味に該当する箇所を、本文中から十二字以内で抜き出しなさい。

□□□□□□□□□□□□

(2) 「のちの千金」と反対の意味を表す語句を、本文中から一つ抜き出しなさい。

〔　　〕

(3) 本文中の荘子の会話の中にたとえ話があるが、どこからどこまでか。初めと終わりの三字で答えなさい。（句読点を含む）

□□□ ～ □□□

(4) このように、動物などを擬人化した、教訓または諷刺を含めたたとえ話を何というか。空欄に漢字一字を入れて答えなさい。

□話

全体

6 この話の趣旨として不適当なものを、次から選びなさい。

ア　自分に与えられた現在を精一杯生きるとともに、将来の理想のためには何が必要であるかを追い求めるのがよい。

イ　少量の物さえあればさし迫った事態を乗り切れるというときに、あとで多量の物をやろうなどと悠長なことを言っても役に立たない。

ウ　事態が急な場合には、それを乗り切るのに何が必要かということを見極めて、ただちにこれに対処することが大切である。

〔　　〕

7 荘子はどのような人物として描かれているか。次から選びなさい。

ア　理屈で相手をやりこめる人物。

イ　貧乏だが、愛情こまやかな人物。

ウ　貧乏のあまり、隣家に迷惑をかける人物。

〔　　〕

学習目標 随筆を読んで、書き表された場面の様子や人物の発言の意味などを捉える。

枕草子（雪のいと高う降りたるを）

教科書 p.60　検印

展開の把握　思考力・判断力・表現力

○次の空欄に適語を入れて、内容を整理しなさい。

第一段落（中宮の賞賛）（初め～ p.60 ℓ.3）	発端	雪がとても〔ア　〕降り積もっている朝、いつもと違って〔イ　〕をお下ろしして、炭櫃に〔ウ　〕をおこして話などして、〔エ　〕たちが集まって、御前に控えていたときに、
	展開	中宮様が「少納言よ、〔オ　〕の雪はどのようでしょうか。」とおっしゃったので、
	最高潮	私が〔カ　〕を上げさせて、〔キ　〕を高く巻き上げたところ、
	結末	〔ク　〕はにっこりとお笑いになる。
第二段落（最高潮）（p.60 ℓ.4 ～ 終わり）	添加	お仕えしている〔ケ　〕たちも、「そのような〔コ　〕のことは知っているし、〔サ　〕までもするけれど、すぐには思いも〔シ　〕ないことだった。やっぱり〔ス　〕は、中宮様に〔セ　〕する人として〔ソ　〕な人であるようね。」と言う。

語句・文法　知識・技能

1 次の語の読みを現代仮名遣いで記しなさい。

p.60 ℓ.1 ①格子〔　〕　②炭櫃〔　〕
ℓ.3 ③御簾〔　〕

2 次の語の意味を調べなさい。

p.60 ℓ.1 ①参る〔　〕
ℓ.2 ②物語〔　〕　③いかなり〔　〕
ℓ.4 ④さる〔　〕
ℓ.5 ⑤なほ〔　〕

3 次の太字の助動詞の意味をあとのア～クからそれぞれ選び、活用形を答えなさい。

p.60 ℓ.2 ①いかなら**む**。〔　・　〕
ℓ.3 ②仰せ**らるれ**ば、〔　・　〕　③御格子上げ**させ**て、〔　・　〕　④高く上げ**たれ**ば、〔　・　〕　⑤笑は**せ**給ふ。〔　・　〕
ℓ.4 ⑥寄ら**ざり**つれ。〔　・　〕
ℓ.5 ⑦さ**べき**なめり。〔　・　〕

ア 使役　イ 尊敬　ウ 意志　エ 推量
オ 打消　カ 完了　キ 適当　ク 可能

4 「さべきなめり。」（六〇・5）は「さンべきなンめり」と読むのが適当であるが、これはどのような語形の音便か。もとの形を答えなさい。

p.60 ℓ.5〔　〕

内容の理解

思考力・判断力・表現力

第一段落

1 「例ならず御格子参りて、」(六〇・1)について、次の問いに答えよ。

(1) 「例ならず」とあるが、いつもだったらどうだったのか。適当なものを次から選びなさい。

ア 格子のもとに集まる
イ 格子を上げる
ウ 格子から離れて座る

〔　　〕

(2) 「御格子参りて」とは、ここではどのような意味か。十五字以内で口語訳しなさい。(句読点は含まない)

2 「物語などして、」(六〇・2)とあるが、(A)「物語などして」と(B)「物語どもして」とはどのように違うか。適当なものをそれぞれ次から選びなさい。

ア 話をあれこれして
イ 話をしかたなくして
ウ 話や他のことをして
エ その話に限って効果があって
オ 話に熱中して
カ 説得しながら話をして

A〔　　〕 B〔　　〕

3 「少納言よ、香炉峰の雪、いかならむ。」(六〇・2)について、次の問いに答えなさい。

(1) 『白氏文集』は、中国の誰の漢詩集か。次から選びなさい。

ア 李白　イ 杜甫　ウ 白居易

〔　　〕

(2) 「香炉峰の雪、いかならむ。」とあるが、中宮は清少納言にどのようなことを伝えたかったのか。十二字以内の会話体で答えなさい。(句読点は含まない)

第一段落

4 「御格子上げさせて、御簾を高く上げたれば、」(六〇・3)とあるが、(A)「御格子上げ」たのは誰か。(B)「御簾を高く上げ」たのは誰か。適当なものを、それぞれ次から選びなさい。

ア 帝　イ 下級の女官
ウ 中宮　エ 清少納言

A〔　　〕 B〔　　〕

5 「笑はせ給ふ。」(六〇・3)とあるが、中宮が笑ったのはなぜか。二十五字以内で説明しなさい。

▼脚問2

6 「さることは知り、」(六〇・4)とあるが、「さること」とは、どのようなことをさすか。適当なものを、次から選びなさい。

ア 高く降り積もった雪の美しさ。
イ 詩で有名な「香炉峰の雪は簾を撥げて看る」ということ。
ウ 御簾を高く巻き上げる行為の意義。

〔　　〕

第二段落

7 「なほこの宮の人には、さべきなめり。」(六〇・5)について、次の問いに答えなさい。

(1) この女房たちの言葉には、清少納言のすばらしさを再確認した言葉がある。一語で抜き出しなさい。

〔　　〕

(2) 女房たちは清少納言のどのような点を称賛したのか。次から選びなさい。

ア 雪景色などの自然を愛するその風流ぶり。
イ 漢詩・和歌についてのその博学ぶり。
ウ 機転のきいたその当意即妙の才知。

〔　　〕

学習目標　『枕草子』に描かれている類集的な内容をふまえて、作者のものの見方や考え方を捉える。

枕草子（木の花は）

教科書p.61～p.63

検印

展開の把握

思考力・判断力・表現力

○次の空欄に適語を入れて、内容を整理しなさい。

第一段落（初め ～ p.61 ℓ.3）		第二段落（p.61 ℓ.4 ～p.61 ℓ.8）	第三段落（p.62 ℓ.1 ～p.62 ℓ.8）	第四段落（p.63 ℓ.1 ～p.63 ℓ.5）	第五段落（p.63 ℓ.6 ～終わり）
主題	具体例	具体例	具体例	具体例	具体例
木の花は。	紅梅。〔ア　〕。藤の花は〔イ　〕が長く、色濃く咲いているのが、とてもすばらしい。	〔ウ　〕の葉が濃く、花が純白に咲いているのや、雨の降った〔エ　〕などは比類なく美しい。花の中から黄金色の〔オ　〕がのぞいている趣はすばらしく、夜明け方の桜にも劣らない。〔カ　〕にゆかりのある木でもある。	梨の花はかわいげのない人の〔キ　〕にたとえられたりするが、〔ク　〕では最上のものとされる。「〔ケ　〕」の一句によって比類なく思われる。	桐の花は〔コ　〕に咲いて趣があるが、木は感心しない。中国では〔サ　〕がこの木にとまるともいわれ、〔シ　〕の材となって音色を奏でるのもすばらしい。	楝の木は〔ス　〕はよくないが、必ず〔セ　〕の節句に咲き合わせるというのも、洒落ている。

語句・文法

知識・技能

1 次の語の意味を調べなさい。

① めでたし（p.61 ℓ.2）〔　〕
② よすが（ℓ.8）〔　〕
③ はかなし（p.62 ℓ.1）〔　〕
④ にほひ（ℓ.5）〔　〕
⑤ 心もとなし〔　〕
⑥ おぼろけなり（ℓ.7）〔　〕
⑦ うたて（p.63 ℓ.1）〔　〕
⑧ こちたし（ℓ.2）〔　〕
⑨ ことごとし〔　〕

2 「つきためれ。」（六二・5）とあるが、どのような単語で構成されているか。それぞれ終止形に改め、品詞名を答えなさい。（p.62 ℓ.5）

〔　　　　〕

3 次の太字の動詞は、あとのア～エのいずれにあたるか。それぞれ選びなさい。

① こがねの玉かと**見え**て、（p.61 ℓ.6）〔　〕
② せめて**見れ**ば、（p.62 ℓ.4）〔　〕

ア　ラ行四段活用連体形
イ　ア行下一段活用未然形
ウ　マ行上一段活用已然形
エ　ヤ行下二段活用連用形

内容の理解

思考力・判断力・表現力

第一段落

1 「木の花は……紅梅。」（六一・1）について、次の問いに答えなさい。

(1)「木の花は」とは、何の花と区別してこう言っているのか。該当する花を答えなさい。

〔　　〕

(2)「濃きも薄きも紅梅」とあるが、その次にどのような言葉が省略されているか。文語で答えなさい。

〔　　〕

第二段落

2 「花の中より、こがねの玉かと見えて、」（六一・6）とあるが、「こがねの玉かと見え」るのは、何か。具体的に答えなさい。 ▼脚問1

〔　　〕

3 「ほととぎす……にや、」（六一・7〜8）について、次の問いに答えなさい。

(1)「さへ」は添加を表す副助詞で、「〔 A 〕の上に、〔 B 〕までも」といった用い方となる。空欄Bにあたるのが「ほととぎすのよすが」であるとすれば、空欄Aにあたるのは何か。次から選びなさい。

ア　桜の花の美しさ　　イ　橘の美しさ

ウ　朝露の美しさ

〔　　〕

(2)「思へばにや」とあるが、「にや」の次にどのような言葉が省略されているか。該当する言葉を三字で答えなさい。

〔　　　〕

第三段落

4 「なほさりともやうあらむ」（六二・4）とあるが、「さりとも」とはどのような意味か。次から選びなさい。

ア　日本ではよく言われなくても

イ　葉の色はよく見えても

ウ　愛らしさに欠けていても

〔　　〕

第三段落

5 「花びらの端にをかしきにほひこそ、心もとなうつきためれ。」（六二・4）とあるが、「をかしきにほひ」とはどのような意味か。次から選びなさい。 ▼脚問2

ア　趣のあるすばらしい香り　　イ　個性的でいっぷう変わった匂い

ウ　美しい色つや

〔　　〕

第四段落

6 「これ」（六三・3）がさしているものを、本文中から三字で抜き出しなさい。

〔　　　〕

第五段落

7 「楝の花」（六三・6）とあるが、これについては、「かれがれに」なのに「あふ（逢ふ）」とはこれいかにといった、清少納言が得意とする言葉の洒落で、この花を評価している。言葉の洒落が明らかになるよう、「かれがれに」に漢字をあてなさい。

〔　　〕

全体

8 この文章では、紅梅から楝の花まで木の花が取り上げられ、評価されている。次の問いに答えなさい。 ▼学習一

(1)清少納言が、紅梅・桜・藤・橘の四つの木の花を評価した着眼点には、どのような共通性があるか。次から選びなさい。

ア　上品な花に目をとめている点。

イ　あざやかな葉や形状に注目している点。

ウ　色彩に焦点を合わせている点。

〔　　〕

(2)また、梨の花と桐の花の評価を決定するきめてにも一つの共通性がある。どのような共通性か、次から選びなさい。

ア　美しい女性や鳥にたとえられる点。

イ　中国の詩文における評価が高い点。

ウ　絵画や音楽と深く関わっている点。

〔　　〕

学習目標　随筆を読んで内容を理解し、作者や当時の人の感性や考え方を捉える。

枕草子（すさまじきもの）

教科書 p.64～p.65

検印

展開の把握　思考力・判断力・表現力

○次の空欄に適語を入れて、内容を整理しなさい。

第一段落（初め～ p.64 ℓ.2）		第二段落（p.64 ℓ.3 ～ 終わり）
主題	具体例	具体例
（ア　　）はずれ、（イ　　）はずれ、不調和などで興ざめなもの。	昼ほえる（ウ　　）。（エ　　）の網代。三、四月の（オ　　）の衣。牛が死んだ（カ　　）。乳児が亡くなった（キ　　）。	国司任命の（ク　　）のときに（ケ　　）を得ることができない人の家について。今年は必ず任官できそうだと聞いて、以前に仕えていた者たちで、（コ　　）に仕えていた者たちや、（サ　　）に引っ込んでいた連中など、多くの人々が出入りする。（シ　　）を飲み、大騒ぎしていたのが、除目が終わり、（ス　　）にもれたとわかると、本気で頼りにしていた者は、ひどく（セ　　）と思う。（ソ　　）になると、一人二人とそっと帰ってしまうが、（タ　　）の連中で、よそへ出て行くわけにもいかない人々が、来年（チ　　）が任官されるはずの国々を、指折り数えなどして、（ツ　　）を張って歩き回っている様子は、気の毒で、実に（テ　　）である。

語句・文法　知識・技能

1 次の語の読みを現代仮名遣いで記しなさい。

p.64
- ℓ.1 ①網代（　　）
- ℓ.2 ②産屋（　　）
- ℓ.3 ③除目（　　）
- ④司（　　）
- ℓ.5 ⑤轅（　　）
- ℓ.7 ⑥前駆（　　）
- ℓ.8 ⑦下衆（　　）

2 次の語の意味を調べなさい。

p.64
- ℓ.1 ①すさまじ（　　）
- ℓ.3 ②はやう（　　）
- ℓ.6 ③ののしる（　　）
- ℓ.12 ④つとめて（　　）

p.65
- ℓ.2 ⑤いとほし（　　）

3 次の太字の語が助動詞ならば、その意味をア～キから選び、助動詞でなければ×を記しなさい。

p.64
- ℓ.3 ①司得**ぬ**人の家。（　　）
- ②はやうあり**し**者どもの、（　　）
- ℓ.4 ③ほかほかなり**つる**、（　　）
- ℓ.6 ④ののしり合へ**る**に、（　　）
- ⑤果**つる**暁まで（　　）
- ℓ.7 ⑥声々など**して**、（　　）
- ℓ.8 ⑦みな出で給ひ**ぬ**。（　　）
- ℓ.11 ⑧などぞ、必ずいらふ**る**。（　　）

ア 過去　**イ** 完了　**ウ** 存続　**エ** 意志
オ 受身　**カ** 可能　**キ** 打消

内容の理解

思考力・判断力・表現力

第一段落

1 「すさまじきもの、昼ほゆる犬。」（六四・1）とあるが、その理由を三十字以内で説明しなさい。 ▼学習一

第二段落

2 「必ず」（六四・3）は、何がどうなることか。二十五字以内で説明しなさい。 ▼脚問1

3 「もの詣でする供に」（六四・5）とあるが、「もの詣で」をするのは、何のためか。十五字以内で説明しなさい。 ▼脚問2

4 「問はず。」（六四・9）とあるが、問わない理由を三十字以内で説明しなさい。

5 「何の前司にこそは。」（六四・11）とあるが、どのような気持ちからそう答えたのか。次から選びなさい。 ▼脚問3

ア　家人の怒りを恐れ、それを避けようとする気持ちから。
イ　虚勢を張って、権威に抵抗を試みる気持ちから。
ウ　殿に同情を寄せ、場をつくろおうとする気持ちから。 〔　　〕

6 「除目に司得ぬ人の家。」の具体例（六四・3〜六五・2）について、次の問いに答えなさい。

第二段落

(1) この具体例に登場する人物の中、「除目に司得ぬ人」と主従の関係にある人々は、大きく二組に書き分けられている。その対照的な二組を、本文中から九字と五字で抜き出しなさい。

(2) この具体例は、前後二つの場面に分かれ、そこに登場する人々の抱く心情の推移が示されている。適当なものを、次から選びなさい。

ア　期待から失望へ　イ　空想から現実へ　ウ　歓喜から憤激へ 〔　　〕

(3) 前の場面はどこまでか。終わりの五字を抜き出しなさい。（句読点は含まない）

全体

7 この文章は、類集的章段（自然・人事にわたって物事や現象を項目ごとに列挙した章段）に属し、「すさまじきもの」について述べている。

(1) 「昼ほゆる犬」をはじめとして、全部でいくつの具体例が取り上げられているか。その数を漢数字で答えなさい。 〔　　〕

(2) この具体例から総括的に見て、作者はどのようなものを「すさまじ」と感じているか。適当なものを、次から二つ選びなさい。

ア　陳腐で月並みである。　イ　期待はずれである。
ウ　無作法・無礼である。　エ　縁起が悪い。
オ　不備・不調和である。　カ　無神経である。 〔　　〕〔　　〕

(3) 「すさまじきもの」の事例として該当するものを、次から選びなさい。

ア　博士《はかせ》のうち続き女児《をんなご》生ませたる。
イ　硯《すずり》に髪の入りてすられたる。
ウ　姑《しうとめ》に思はるる嫁の君。 〔　　〕

学習目標　『万葉集』にある、黎明期の和歌の特色を理解する。

万葉集

教科書 p.68～p.70　検印

要点の整理　思考力・判断力・表現力

○次の空欄に適語を入れて、内容を整理しなさい。

あかねさす	〔ア　〕	紫草の生えている〔イ　〕をあちらに行きこちらに行きなさって——野の〔ウ　〕が見ないでしょうか、あなたが〔エ　〕を振るのを。
紫草の	句切れなし	紫の色が映えるように美しいあなたがもし〔オ　〕のだったら、あなたは〔カ　〕なのだから私は〔キ　〕などするでしょうか、いや、しませんよ。
憶良らは	〔ク　〕	私憶良めは今はもう〔ケ　〕いたしましょう。今ごろは〔コ　〕で〔サ　〕が泣いているでしょう。そして、その子の〔シ　〕も私を待っているでしょうよ。
み吉野の	句切れなし	吉野の象山の〔ス　〕の木々の〔セ　〕にはたくさん鳴きざわめいている鳥の〔ソ　〕がすることだよ。
石見の海	長歌	石見の海の角の浦の入り組んだ海岸を、よい〔タ　〕やよい〔チ　〕がないと人は見ようが、ままよ、よい〔ツ　〕や〔テ　〕がなくても、和多津の〔ト　〕の上の青く美しい〔ナ　〕を、朝夕、〔ニ　〕や〔ヌ　〕が寄せて来るが、打ち寄せる美しい〔ネ　〕のように、寄り添って寝た最愛の〔ノ　〕を置いて来たので、都に向かう道の数多くの〔ハ　〕ごとに、何度も何度も振り返って見るけれども、いよいよ遠く〔ヒ　〕は遠ざかってしまい、高角山を越えて来てしまった。今ごろは〔フ　〕のよう

語句・文法　知識・技能

1 次の語の意味を調べなさい。

- (p.68 ℓ.4) ①にほふ〔　〕
- (ℓ.6) ②罷る〔　〕
- (ℓ.10) ③ここだ〔　〕
- (p.69 ℓ.3) ④よしゑやし〔　〕
- (ℓ.5) ⑤むた〔　〕
- (ℓ.7) ⑥いや〔　〕
- (ℓ.8) ⑦念ひしなゆ〔　〕
- (ℓ.13) ⑧さやぐ〔　〕
- (p.70 ℓ.2) ⑨うら悲し〔　〕
- ⑩夕かげ〔　〕
- (ℓ.4) ⑪背〔　〕

2 次の枕詞は、どの言葉にかかるか。該当する言葉を抜き出しなさい。

- (p.68 ℓ.2) ①あかねさす〔　〕
- (p.69 ℓ.3) ②鯨魚取り〔　〕
- (ℓ.6) ③露霜の〔　〕
- (ℓ.8) ④夏草の〔　〕

3 次の太字の助詞「や」は、あとのア～ウのいずれにあたるか。それぞれ選びなさい。

- (p.68 ℓ.2) ①野守は見ず**や**〔　〕
- (ℓ.4) ②吾恋ひめ**や**も〔　〕
- (p.69 ℓ.11) ③石見の**や**〔　〕

ア　整調・詠嘆の間投助詞
イ　疑問の係助詞
ウ　反語の係助詞

歌	句切れ	現代語訳
石見の海（続き）		にうちしおれて私を慕っているであろう妻の家の〔ヘ　　〕を見たいと思う。なびき伏して私に見せておくれ、立ちはだかる〔ホ　　〕よ。
石見のや	句切れなし	石見の国の高角山の木立の〔マ　　〕から私が振る〔ミ　　〕を、〔ム　　〕は見たであろうか。
小竹の葉は	〔メ　　〕	笹の葉は〔モ　　〕全体をざわざわさせて〔ヤ　　〕に乱れていても、私は〔ユ　　〕を乱されることなく〔ヨ　　〕をひたすら思っている。別れて来たばかりなので。
春の野に	〔ラ　　〕	春の野に〔リ　　〕がたなびいていて、なんとなくもの悲しいことだ。この夕暮れの〔ル　　〕の中で〔レ　　〕が鳴いているよ。
信濃道は	〔ロ　　〕	信濃に行く道は、最近切り開いた〔ワ　　〕です。木の切り株を踏んで馬に足を怪我させるな。馬に履き物を履かせなさい、わが〔ヰ　　〕よ。
父母が	句切れなし	父母が私の〔ヌ　　〕をなで、〔ヲ　　〕でいろよと言った〔ン　　〕が忘れられないことだよ。

4 **次の太字の係助詞「こそ」の結びの語を抜き出し、その文法的説明として適当なものを、あとのア～オからそれぞれ選びなさい。**

p.69 ℓ.2 ①人**こそ**見らめ　〔　　・　　〕

ℓ.5 ②風**こそ**寄せめ　〔　　・　　〕

③波**こそ**来寄れ　〔　　・　　〕

ア　カ行変格活用動詞已然形
イ　ラ行四段活用動詞已然形
ウ　意志の助動詞已然形
エ　推量の助動詞已然形
オ　現在推量の助動詞已然形

5 **次の太字の「る」「し」は、あとのア～カのいずれにあたるか。それぞれ選びなさい。**

p.68 ℓ.3 ①皇太子の答ふ**る**御歌　〔　　〕

ℓ.4 ②にほへ**る**妹を　〔　　〕

p.69 ℓ.4 ③か青く生ふ**る**　〔　　〕

ℓ.6 ④寄り寝**し**妹を　〔　　〕

⑤置きて**し**来れば　〔　　〕

ア　過去の助動詞連体形
イ　存続の助動詞連体形
ウ　上二段活用動詞連体形の一部
エ　下二段活用動詞連体形の一部
オ　サ行変格活用動詞連用形
カ　強意の副助詞

6 **「踏ましむな」（七〇・4）の文法的説明として適当なものを、次から選びなさい。**

修辞

知識・技能

柿本人麻呂

1 「石見の海」（六九・2）の歌について、次の問いに答えなさい。

(1)「玉藻なす」（六九・6）とあるが、ここまでが「寄り」を導く序となっている。序はどこから始まっているか。初めの四字を抜き出しなさい。 ▼学習二

(2)この長歌には、二句で対になった対句が四つある。その中から第三番目に出てくる対句を抜き出しなさい。

〔　　　〕↕〔　　　〕

2 「小竹の葉は」（六九・13）の歌の表現上の特色に該当しないものを、次から二つ選びなさい。

ア　擬人法　　イ　枕詞
ウ　倒置法　　エ　字余り

〔　　〕〔　　〕

内容の理解

思考力・判断力・表現力

額田王

1 「あかねさす」（六八・2）の歌において、額田王の驚きや危惧の深さを印象づける、大海人皇子の大胆な動作が見られる。その動作を表す表現を、三字で抜き出しなさい。

大海人皇子

2 「紫草の」（六八・4）の歌の詞書に、「皇太子の答ふる御歌」とあるが、大海人皇子は額田王に対して、どのように答えているか。次から選びなさい。

ア　人妻であるあなたが憎いことだよ。
イ　人妻だから恋なんかしませんよ。
ウ　人妻でもあなたが恋しいよ。

〔　　〕

p.70 ℓ.4

ア　マ行四段活用動詞未然形「踏ま」＋使役の助動詞終止形「しむ」＋禁止の終助詞「な」
イ　マ行四段活用動詞未然形「踏ま」＋尊敬の助動詞連用形「し」＋推量の助動詞連体形「む」＋禁止の終助詞「な」
ウ　サ行四段活用動詞連用形「踏まし」＋推量の助動詞終止形「む」＋詠嘆の終助詞「な」

〔　　〕

p.70 ℓ.6

7 「幸くあれて言ひしけとばぜ」（七〇・6）は、古代東国方言で書かれている。標準的な古語に書き改めなさい。

〔　　　〕

山上憶良

3 「憶良らは」（六八・6）の歌について、次の問いに答えなさい。

(1)この歌には、作者憶良の照れ隠しが婉曲表現となって表れている。その婉曲に表現された言葉を、三字で抜き出しなさい。

(2)ユーモラスな内容を効果的にする、軽妙な音の繰り返しがある。その繰り返しの表現を二字で抜き出しなさい。 ▼学習一

山部赤人

4 「み吉野の」（六八・9）の歌には、カメラで写すかのように、大きな対象から次第に焦点を絞っていく表現が用いられている。焦点を絞るのに効果的なはたらきをしている語を抜き出しなさい。

〔　　　〕

柿本人麻呂

5 「石見の海」（六九・2）の歌について、次の問いに答えなさい。

(1) この長歌は、三段落に分けることができる。第二段落の初めと終わりの四字を抜き出しなさい。

□□□□〜□□□□

(2) 不動の大自然を動かしてでも愛する妻に会いたいと歌うことによって、作者人麻呂の愛情の強さを訴えようとする、素朴で激烈な表現がある。該当する一句を抜き出しなさい。

〔　　　〕

6 「石見のや」（六九・11）の歌について、次の問いに答えなさい。

(1) 詞書に「反歌二首」とあるが、ここでの反歌の役割として適当なものを、次から選びなさい。

ア 長歌の内容を繰り返したり、補ったりする。

イ 長歌と全く反対の心情を述べる。

ウ 自然にひかれる心情をそれとなくこめる。

〔　　　〕

(2) この歌の中で、作者人麻呂の妻に対する愛情がどのような行為となって表れているか。「……行為」の形式で、四字で答えなさい。

□□□□行為

(3) 「妹見つらむか」とあるが、作者人麻呂の気持ちはどのようなものか。次から選びなさい。

ア 妻が見たかどうかはよくわからないが、見てほしかったという気持ち。

イ 妻が見たかどうかとひどく心配して、一人嘆き悲しんでいる気持ち。

ウ 妻がたしかに見てくれたかということを、妻が見えなくなってから推量する気持ち。

〔　　　〕

柿本人麻呂

7 「小竹の葉は」（六九・13）の歌において、「吾は妹思ふ」とあるが、それはなぜか。その理由として適当な言葉を、歌の中から抜き出しなさい。

〔　　　〕

大伴家持

8 「春の野に」（七〇・2）の歌の主題は何か。次から選びなさい。

ア 春霞

イ 春愁

ウ 鳴鶯《めいおう》

〔　　　〕

東歌

9 「信濃道は」（七〇・4）の歌は、妻のどのような思いをよんだ歌か。次から選びなさい。

ア 信濃に旅立つ夫を晴れがましく思う妻の歌。

イ 未知の国に旅立つ夫との再会を期待する妻の歌。

ウ 遠く旅立つ夫を気づかう妻の歌。

〔　　　〕

防人歌

10 「父母が」（七〇・6）の歌は、年少の防人兵の歌である。そのことはどの表現からわかるか。適当なものを、次から選びなさい。

ア 父母が頭かきなで

イ 幸くあれて言ひしけとばぜ

ウ 忘れかねつる

〔　　　〕

学習目標　『古今和歌集』にある、発展期の和歌の特色を理解する。

古今和歌集

教科書p.71〜p.73

検印

要点の整理　思考力・判断力・表現力

○次の空欄に適語を入れて、内容を整理しなさい。

仮名序　全一段落（和歌の本質と効用）		
やまと歌…	和歌は感動の所産	和歌は人の〔ア　〕をもとにして、それがさまざまな〔イ　〕となって表されたものであり、生活していく中で種々感じることを、〔ウ　〕もの聞くものに託して表現したものが歌である。
花に鳴く…	表現は生物の本能	花の枝で鳴く〔エ　〕や、水に住む〔オ　〕の声を聞くと、生き物はすべて〔カ　〕をよむ。
力をも入…	和歌の効用	神を〔キ　〕させたり、〔ク　〕の仲をうち解けさせたり、勇猛な〔ケ　〕の心までをも慰めるものは、〔コ　〕である。

春の夜の	〔サ　〕	春の夜の〔シ　〕というものは、〔ス　〕の立たないことをするものだ。梅の花の〔セ　〕こそ見ることはできないが、〔ソ　〕は隠れるだろうか、いや隠れはしない。
蓮葉の	句切れなし	蓮の葉は、その生えている泥水の〔タ　〕に染まらない清い〔チ　〕を持っているのに、どうしてその上に置く露を〔ツ　〕のように見せかけて人をだますのか。

語句・文法　知識・技能

1 次の語の意味を調べなさい。

① やまと歌（p.71 ℓ.1）〔　〕
② あやなし（p.72 ℓ.2）〔　〕
③ ひさかたの（ℓ.8）〔　〕
④ むすぶ（ℓ.13）〔　〕
⑤ あやめ（p.73 ℓ.2）〔　〕
⑥ うつろふ（ℓ.5）〔　〕
⑦ 世の中〔　〕

2 次の太字の「して」は、あとのア〜エのいずれにあたるか。それぞれ選びなさい。

① 人の心を種と**して**、（p.71 ℓ.1）〔　〕
② 力をも入れず**して**（ℓ.5）〔　〕

ア　サ行変格活用動詞連用形＋接続助詞
イ　手段・方法を表す格助詞
ウ　使役の対象を表す格助詞
エ　接続助詞

3 次の太字の動詞「生き」「生け」の活用の種類と活用形は、あとのア〜コのいずれにあたるか。それぞれ選びなさい。

① **生き**とし（p.71 ℓ.4）〔　・　〕
② **生け**るもの〔　・　〕

ア　四段活用　イ　上一段活用
ウ　上二段活用　エ　下一段活用
オ　下二段活用　カ　未然形
キ　連用形　ク　終止形
ケ　連体形　コ　已然形

歌	句切れ	現代語訳
ひさかたの	句切れなし	月に生えている〔テ　〕も、地上の木々と同じように秋にはやはり〔ト　〕するから、このように〔ナ　〕の光がいちだんと明るく照るのだろうか。
冬ながら	句切れなし	今はまだ〔ニ　〕でありながら、空から〔ヌ　〕が散って来るのは、雲の向こうはもう〔ネ　〕なのだろうか。
むすぶ手の	句切れなし	すくって水を飲む〔ノ　〕から落ちる〔ハ　〕ですぐに濁ってしまう山中の〔ヒ　〕が飽き足らないように、十分に語らいもせず、あなたと別れてしまうことだ。
ほととぎす	句切れなし	ほととぎすが来て鳴く五月の節句に飾る〔フ　〕、そのあやめという言葉のように、ものの〔ヘ　〕の区別もつかなくなるような無我夢中の〔ホ　〕をすることだよ。
色見えで	句切れなし	はっきりと〔マ　〕に表れないで色あせていくものは世の中の人の〔ミ　〕という名の〔ム　〕であったのだなあ。

修辞　知識・技能

よみ人知らず

1 序詞による下の言葉の導き方には三種類あるが、「ほととぎす鳴くや五月のあやめぐさ」（七三・2）は、どれに該当するか。次から選びなさい。 ▼学習三

ア 音の連想（主として同音反復によるもの）　イ 比喩（形容や比喩によるもの）

ウ 意味の連想（主として掛詞によるもの）　〔　　〕

小野小町

2 「色見えで」（七三・5）の歌に「人の心の花にぞありける」とあるが、実のない人の心をたとえた「花」の縁語を二つ抜き出しなさい。

〔　　〕〔　　〕

4 次の太字の助詞の意味は、あとのア～エのいずれにあたるか。それぞれ選びなさい。

p.71 ℓ.6　① あはれと思はせ、 〔　〕

p.72 ℓ.1　② 梅の花をよめる 〔　〕

ℓ.3　③ 色こそ見えね 〔　〕

p.73 ℓ.5　④ 花にぞありける 〔　〕

ア 打消　イ 断定　ウ 使役　エ 完了

5 次の太字の「にて」は、あとのア～ウのいずれにあたるか。それぞれ選びなさい。

p.72 ℓ.11　① 志賀の山越えにて、 〔　〕

② 石井のもとにて 〔　〕

ア 場所を表す格助詞

イ 時間を表す格助詞

ウ 断定の助動詞＋接続助詞

6 「紅葉すればや」（七三・8）とあるが、「ばや」はどのようなはたらきをしているか。⑴同じ事例、⑵その文法的説明として適当なものを、次のア～カからそれぞれ選びなさい。

p.72 ℓ.8

ア 思ひつつ寝《ぬ》ればや人の見えつらむ夢と知りせばさめざらましを

イ 見せばやな小島のあまの袖だにも濡れにぞ濡れし色は変はらず

ウ 心あてに折らばや折らむ初霜の置きまどはせる白菊の花

エ 仮定条件の接続助詞「ば」＋疑問の係助詞「や」

オ 確定条件の接続助詞「ば」＋疑問の係助詞「や」

カ 願望を表す終助詞

⑴〔　〕　⑵〔　〕

内容の理解

思考力・判断力・表現力

仮名序

1 「やまと歌は、……」（七一・1〜8）の仮名序について、次の問いに答えなさい。

(1)「やまと歌は」（七一・1）とあるが、作者がどのような文芸を意識して切り出した言葉か。その文芸として適当なものを、次から選びなさい。

ア 連歌
イ 漢詩
ウ 俳諧

(2)「天地を動かし、」（七一・5）とあるが、どのような意味か。十字以内で口語訳しなさい。（句読点は含まない）

(3)「力をも入れずして……慰むるは、歌なり。」（七一・5〜8）とあるが、これはどのようなことを述べようとしたものか。五字以内で答えなさい。

(4) この文章には、対句的表現が四つ用いられている。その中から第二番目に用いられているものを抜き出しなさい。

(5) この文章は、和歌の何について述べたものか。次から選びなさい。

ア 本質
イ 起源
ウ はたらき

凡河内躬恒

2 「春の夜の」（七三・2）の歌について、「春の夜の闇はあやなし」とあるが、何が、どのように「あやなし」なのか。次から選びなさい。

ア 「春の夜」は桜がいちばん似合うと思っていたのに、闇に姿を隠した梅の花が香りを漂わせているのは桜以上に思われる点。
イ 「梅の花」が、昼間の明るいときには姿を見せているのに、夜には姿を隠して香りだけを漂わせている点。
ウ 「春の夜の闇」が、梅の花の姿を見えなくさせているのに、その香りを隠すことができない点。

僧正遍昭

3 「蓮葉の」（七三・5）の歌について、次の問いに答えなさい。

(1)「蓮葉の……あざむく」とあるが、このような修辞法を何と言うか。その名称を答えなさい。

(2) この歌は、何を主題としてよんだものか。次から選びなさい。

ア 蓮葉に置く露のはかなさ
イ 蓮葉に置く露に似た人の心
ウ 蓮葉に置く露の美しさ

壬生忠岑

4 「ひさかたの」（七三・8）の歌について、次の問いに答えなさい。

(1)「月の桂も」とあるが、「も」は何と対比して用いられたものか。五字以内で答えなさい。

(2)「照りまさるらむ」とあるが、何と比べて「まさる」のか。次から選びなさい。

ア 他の春・夏・冬の季節と比べて
イ 日本の月の光と比べて
ウ 中国の桂の木と比べて

清原深養父

5 「冬ながら」（七二・10）の歌について、次の問いに答えなさい。

(1) 「花の散り来る」とあるが、何を「花」に見立てたのか。漢字一字で答えなさい。

［　　］

(2) 「雲のあなたは春にやあるらむ」とあるが、どのような意味か。その説明として適当なものを、次から選びなさい。

ア　春は旅人のように他国からやって来るのだろうかと想像し、理由づけている。

イ　春は季節を飛び越えてやって来るのだろうかと想像し、理由づけている。

ウ　空の向こうは春なのだろうかと想像し、理由づけている。

［　　］

紀貫之

6 「むすぶ手の」（七二・13）の歌について、次の問いに答えなさい。

(1) 序詞に「むすぶ手のしづくににごる山の井の」とあるが、「山の井」が「しづくににごる」のは、なぜか。その理由として適当なものを、次から選びなさい。

ア　多くの旅人が次から次へと飲むから。

イ　旅の疲れのため、大量の水を飲もうとしてこぼすから。

ウ　山の井は清水を石で囲ったもので、底が浅いから。

［　　］

(2) この序詞のどのような点が下の句の別れを飽き足らなく思う心にかかっていくのか。三十字以内で具体的に説明しなさい。

［　　］

よみ人知らず

7 「ほととぎす」（七三・2）の歌について、次の問いに答えなさい。

(1) この歌に取り上げられている夏の代表的風物二つを、抜き出しなさい。

［　　］［　　］

(2) この歌は、どのようなことをよんだ歌か。次から選びなさい。

ア　恋のために我を忘れていた人が、ふと自分の心持ちを反省して嘆息した歌。

イ　端午の節句の近づいたことに気づき、わが恋の未練がましさを深く反省した歌。

ウ　身も世も捨てて恋におぼれた人が、時の流れにまかせて恋に賭けようとした気持ち。

［　　］

小野小町

8 「色見えで」（七三・5）の歌について、次の問いに答えなさい。

(1) 「人の心の花にぞありける」とあるが、「花」とは何をたとえたものか。次から選びなさい。

ア　頼みがたい男心

イ　富と地位の栄誉

ウ　立身出世を願う心

［　　］

(2) この歌の解説として適当なものを、次から選びなさい。

ア　三句までは序詞であるが、それが眼前を叙景したあざやかなものであるために、恋の嘆きが強く感じられる。

イ　女にとってはすべてのように思われた男の、心変わりしたことを嘆いた歌である。

ウ　題詠と思われるような歌で、恋の歌としては一般的であるが、叙景の歌としてもすぐれていて、二度と恋はしまいと男に対する恨みも感じられる歌である。

［　　］

学習目標 『新古今和歌集』にある、成熟期の和歌の特色を理解する。

新古今和歌集

教科書 p.74～p.75

検印

要点の整理　思考力・判断力・表現力

○次の空欄に適語を入れて、内容を整理しなさい。

春の夜の	句切れなし	春の夜のはかなく艶なる〔ア　〕が途切れて目が覚めたが、まだ夢から覚めきれぬ気持ちで向こうの〔イ　〕を見ると、今しも横にたなびく〔ウ　〕が峰から離れて、夜が明けてゆく東の〔エ　〕だよ。
秋更けぬ	〔オ　〕	秋が更けてきた。さあ、思う存分に鳴けよ、〔カ　〕よ。今夜は〔キ　〕が降りていて寒く、〔ク　〕が生い茂り、荒れ果てたこのわが家を照らす月も、次第に光が寒々としてきている。更けゆく〔ケ　〕の悲しみにおまえも堪えられないのであろう。
明けばまた	〔コ　〕	夜が明けたなら、明日もまた越えて行くことになっている山の〔サ　〕なのであろうか。あの〔シ　〕を移り行く月の行き着く先にたなびいている〔ス　〕のあたりは。
玉の緒よ	〔セ　〕	私の〔ソ　〕よ、絶えてしまうというなら絶えてしまえ。このまま生きながらえていたら、心の中で〔タ　〕の気持ちを人に知れないように忍び秘めている力が〔チ　〕なってしまうといけないから。

語句・文法　知識・技能

1 次の語の意味を調べなさい。

p.74 ℓ.4 ①きりぎりす〔　〕
②やや〔　〕
ℓ.8 ③玉の緒〔　〕
④ながらふ〔　〕
p.75 ℓ.6 ⑤やがて〔　〕

2 次の太字の動詞の活用の種類と活用形は、あとのア～ニのいずれにあたるか。それぞれ選びなさい。

p.74 ℓ.2 ①峰に**わかるる**横雲〔　・　〕
ℓ.4 ②秋**更け**ぬ〔　・　〕
③**鳴け**や霜夜の〔　・　〕
ℓ.6 ④**明け**ばまた〔　・　〕
ℓ.8 ⑤**忍ぶる**ことの〔　・　〕
p.75 ℓ.7 ⑥花**散り**なばと〔　・　〕

ア　カ行四段　　イ　カ行上一段
ウ　カ行上二段　　エ　カ行下一段
オ　カ行下二段　　カ　カ変
キ　ラ行四段　　ク　ラ行上一段
ケ　ラ行上二段　　コ　ラ行下一段
サ　ラ行下二段　　シ　ラ変
ス　バ行上一段　　セ　バ行上二段
ソ　バ行下一段　　タ　バ行下二段
チ　未然形　　ツ　連用形　　テ　終止形
ト　連体形　　ナ　已然形　　ニ　命令形

下燃えに	句切れなし	人知れず思い焦がれる〔ツ　　〕の苦しさのために、焦がれ〔テ　　〕をしてしまうであろう、私の火葬の〔ト　　〕だけでも、せめていとしく思うあの人に知られれば慰められるが、跡形もなく〔ナ　　〕の果てに消えてしまうわが恋の〔ニ　　〕は実に悲しいことだ。
吉野山	句切れなし	吉野山に修行に入り、そのまま〔ヌ　　〕にこもって出るまいと〔ネ　　〕しているこの私の身を、〔ノ　　〕が散ってしまったなら山を出て帰って来るであろうと思って、親しい人々は今ごろは私を〔ハ　　〕ているであろうか。

修辞

知識・技能　学習二

藤原定家

1 「春の夜の」（七四・２）の歌は、「峰にわかるる横雲の空」と名詞で終わることによって、そのあとに省略されていることを想像させ、余情を深め、詠嘆の気持ちを表す効果がある。このような歌の終わり方を何と言うか。その名称を、四字で答えなさい。

〔　　　　〕

式子内親王

2 「玉の緒よ」（七四・８）の歌の「玉の緒」は、「命」のことである。「緒」の縁語として用いられている言葉を、次から三つ選びなさい。

ア 絶え　イ ながらへ　ウ 忍ぶる　エ 弱り

〔　　〕〔　　〕〔　　〕

藤原俊成女

3 「下燃えに」（七五・３）の歌の縁語を説明した次の文の空欄に、適当な言葉を入れなさい。

〔　①　〕と〔　②　〕と「煙」は「思ひ」の〔　③　〕の縁語となっている。

①〔　　　〕　②〔　　　〕　③〔　　　〕

3 次の太字の語の中から、他と異なるものを二つ選びなさい。

p.74 ℓ.4　ℓ.6　ℓ.8　p.75 ℓ.3　ℓ.7

①秋更けぬ
②山の峰なれや
③玉の緒よ絶えなば
④絶えなば絶えね
⑤下燃えに思ひ消えなん
⑥思ひ消えなん
⑦花散りなばと

〔　　〕〔　　〕

4 次の太字の助詞「や」は、あとのア〜エのいずれにあたるか。それぞれ選びなさい。

p.74 ℓ.4　ℓ.6　p.75 ℓ.7

①鳴けや霜夜のきりぎりす〔　　〕
②越ゆべき山の峰なれや〔　　〕
③人や待つらん〔　　〕

ア 疑問の係助詞　イ 反語の係助詞
ウ 呼びかけの間投助詞
エ 並列の間投助詞

5 次の太字の助動詞の意味は、あとのア〜コのいずれにあたるか。それぞれ選びなさい。

p.74 ℓ.1　ℓ.5　ℓ.6　p.75 ℓ.3　ℓ.7

①法親王、五十首歌よませ侍りけるに〔　　〕
②五十首歌奉りしとき〔　　〕
③越ゆべき山の峰なれや〔　　〕
④思ひ消えなん煙だに〔　　〕
⑤人や待つらん〔　　〕

ア 完了　イ 過去　ウ 適当　エ 予定
オ 尊敬　カ 使役　キ 推量　ク 意志
ケ 現在推量　コ 過去推量

内容の理解

藤原定家

1 「春の夜の」（七四・2）の歌について、次の問いに答えなさい。

(1) 新傾向 次の文章は、窪田空穂が『新古今和歌集評釈』でこの歌について評したものである。空欄①〜⑨に入れるのに適当な言葉を、あとの語群ア〜エからそれぞれ選びなさい。（同じ言葉を二回以上使ってもよい）

評 艶とあわれとの一つになった、当時の代表的詩情の具象化である。春の夜の夢は〔 ① 〕なものである。その見果てずに、はかなく覚めるのは〔 ② 〕である。その具象化の手腕がやがて歌としての価値である。この歌は、上三句は〔 ③ 〕である。下二句は〔 ④ 〕である。この組合せは、最も進んだものとされていた。しかしその組合せは、有機的に、渾融《こんゆう》したものとならなければならなかった。上三句は〔 ⑤ 〕だというが、夢を「浮橋」と、客観のものに言いかえ、夢の中途で覚めることを「とだえして」と、同じくその客観のものの上の事にしているのは、a双方を有機的にしようが為である。下二句の〔 ⑥ 〕も、そこを山家《さんか》としているのは、〔 ⑦ 〕を持たせる為である。「峰にわかるる横雲」は、春曙《しゅんしょ》のありふれた光景であるが、夜を共にいて、曙《あけぼの》に別るる横雲は〔 ⑧ 〕的であるといえる。更にいえば、春の夜の夢が如何なるものであったかを暗示しているものといえる。自然ではあるが、多分の〔 ⑨ 〕味を持ったものである。一首としてみると、b双方を渾融させつくした余情の多い歌といえる。

ア 人間　イ 自然　ウ 艶　エ あわれ

①〔　〕②〔　〕③〔　〕
④〔　〕⑤〔　〕⑥〔　〕
⑦〔　〕⑧〔　〕⑨〔　〕

(2) この評文中の、a「双方を有機的にしよう」とした修辞技法、b「双方を渾融させつくした」手法は、それぞれ次のどれに相当するか。適当なものを、それぞれ選びなさい。

a ア 枕詞　イ 掛詞　ウ 縁語
b ア 象徴　イ 比喩　ウ 写実

a〔　〕 b〔　〕

(3) この評文から考えると、「春の夜の……」の歌には、擬人化されているものが二つある。それぞれ抜き出しなさい。

〔　〕〔　〕

後鳥羽院

2 「秋更けぬ」（七四・4）の歌について、次の問いに答えなさい。

(1) この歌は、曽禰好忠の「鳴けや鳴け蓬が杣のきりぎりす過ぎゆく秋はげにぞ悲しき」（『後拾遺和歌集』）を本歌としている。①後鳥羽院、②曽禰好忠の歌について評した文を、それぞれ次から選びなさい。

ア 過ぎゆく秋を知的に捉え、観念的に歌いあげている。
イ 過ぎゆく秋の悲しみをそのまま歌い出している。
ウ 時間の経過を含ませ、絵画的に情趣の世界を表している。

①〔　〕②〔　〕

(2) 「蓬生の月」とあるが、生い茂った蓬を照らす月によって、どのようなことを表しているか。次から選びなさい。

ア 作者の住居が荒れ果てていること。
イ 人の心もすっかり昔と変わったこと。
ウ 山に隠棲してひとり月を眺めていること。

〔　〕

藤原家隆

3 「明けばまた」（七四・6）の歌について、次の問いに答えなさい。

(1) 「空ゆく月の末の白雲」とあるが、「白雲」のあとにどのような助詞を補えば歌の意味が明確になるか。その助詞を答えなさい。

〔　〕

(2) 長い道中を旅してきた心が感じられるが、そのことをよく表しているのはどの言葉か。二字で抜き出しなさい。

式子内親王

4 「玉の緒よ」（七四・8）の歌について、次の問いに答えなさい。

(1) 「弱りもぞする」とあるが、「もぞ」はどのような意味を表すか。次から選びなさい。

ア 詠嘆
イ 懸念
ウ 困惑

〔　　〕

(2) この歌は、どのようなことをよんだものか。次から選びなさい。

ア 絶えぬる恋　イ ながらふる命　ウ 忍ぶる恋

〔　　〕

藤原俊成女

5 「下燃えに」（七五・3）の歌について、次の問いに答えなさい。

(1) 「下燃えに」とあるが、「下燃え」とはどのような意味か。次から選びなさい。

ア 内に情熱を秘めていること。
イ 精神的に健康であること。
ウ 人知れず思い焦がれること。

〔　　〕

(2) 「煙だに跡なき」とあるが、「煙」は何の煙か。次から選びなさい。

ア 火葬の煙
イ 炊飯の煙
ウ 野焼きの煙

〔　　〕

西行法師

6 「吉野山」（七五・6）の歌について、次の問いに答えなさい。

(1) 「吉野山やがて出でじ」とあるが、①作者西行法師が吉野山に入った目的は何か。また、②人々はどのように考えていたか。それぞれ十字以内で答えなさい。（句読点を含む）

①

②

(2) 「花散りなば」とあるが、その次にどのような言葉が省略されているか。十字以内の現代語で答えなさい。（句読点は含まない）

(3) 「吉野山」の歌から西行のどのような心情・姿をうかがうことができるか。次から選びなさい。

ア 気ままでこだわりのない西行の自由人の姿。
イ 風流にひたすら打ち込む西行の数奇人《すきびと》の姿。
ウ 残してきた人々を思いやって動揺する人間味のある姿。

〔　　〕

全体

7 次の『新古今和歌集』についての解説文には、誤りが三箇所ある。その誤った箇所を抜き出して、正しく書き改めなさい。

『新古今和歌集』は後鳥羽院の院宣によって撰集されたものである。この歌集は時代的には室町期を飾るものであるが、本質的には『古今和歌集』以来の伝統につながり、平安貴族の抱いた詩的精神の美しい夕映えというにふさわしいであろう。その代表的な歌人は藤原俊成の子である定家であって、その歌風は俊成の有心体をさらに展開させたものであった。またこの集の技法上の特色には、本歌取り、二句切れ、体言止めなどを数えることができる。

〔　　〕→〔　　〕
〔　　〕→〔　　〕
〔　　〕→〔　　〕

学習目標　和歌の伝統をふまえて成立した近世の俳諧の特色を理解する。

春夏秋冬

教科書 p.76～p.79

検印

要点の整理

思考力・判断力・表現力

○次の空欄に適語を入れて、内容を整理しなさい。

雪月花	卯木	〔ア　　〕	花は白くて〔イ　　〕のようであり、名は卯月に通じ、雪・〔ウ　　〕・花を一度に見せる卯木であるよ。
年の内へ	年の内	〔エ　　〕	新年を迎えぬうちに〔オ　　〕になって、心なしか差し込む〔カ　　〕も春めいてきたことだよ。
海は少し	〔キ　　〕	春	海は少し遠いが、満開の〔ク　　〕の木の間に、穏やかな須磨の〔ケ　　〕が光って見えることだ。
浮き世の月	〔コ　　〕	〔サ　　〕	人生五十年というが、私はこの世の〔シ　　〕を人より〔ス　　〕よけいに見てしまったよ。
奈良七重	八重桜	春	古都奈良には〔セ　　〕の大寺院も多く、古歌で名高い〔ソ　　〕が今を盛りに咲き誇っている。
応々と	雪	冬	降り積もる〔タ　　〕の夜、門をたたく音がして、内から「おう。」と答えるが、聞こえないと見えてなおも激しく〔チ　　〕をたたいているよ。
梅一輪	〔ツ　　〕	冬	寒梅が〔テ　　〕花開いた。ほのかな香りと薄紅色に、一輪の花ほどの〔ト　　〕が感じられるよ。

語句・文法

知識・技能

1 次の語の読みを現代仮名遣いで書きなさい。

① 卯木 (p.76 ℓ.3)〔　　〕
② 八重桜 (p.77 ℓ.3)〔　　〕
③ 蘆毛 (ℓ.9)〔　　〕
④ 朧月 (ℓ.11)〔　　〕
⑤ 灯籠 (p.78 ℓ.7)〔　　〕
⑥ 霰 (ℓ.11)〔　　〕
⑦ 青海苔 (p.79 ℓ.2)〔　　〕

2 次の太字の語の品詞は、あとのア～ケのいずれにあたるか。それぞれ選びなさい。

① 雪月花**一度**に見する卯木かな (p.76 ℓ.3)〔　　〕
② 海は**少し**遠きも花の木の間かな (ℓ.7)〔　　〕
③ **応々**と言へどたたくや雪の門 (p.77 ℓ.5)〔　　〕
④ 梅**一輪**一輪ほどのあたたかさ (ℓ.7)〔　　〕
⑤ **仰のけに**落ちて鳴きけり秋のせみ (p.79 ℓ.4)〔　　〕

ア 名詞　イ 動詞　ウ 形容詞　エ 副詞
オ 形容動詞　カ 感動詞　キ 名詞＋助詞
ク 感動詞＋助詞　ケ 副詞＋助詞

3 次の太字の動詞の活用の種類・活用形は、あとのア～シのいずれにあたるか。それぞれ選びなさい。

① 雪月花一度に**見する**卯木かな (p.76 ℓ.3)〔　　・　　〕
② 浮き世の月**見過ぐし**にけり (ℓ.9)〔　　・　　〕
③ 上行くと下**来る**雲や秋の天 (p.78 ℓ.2)〔　　・　　〕
④ 夕顔や女子の肌の**見ゆる**時 (ℓ.5)〔　　・　　〕
⑤ 初恋や灯籠に**寄する**顔と顔 (ℓ.7)〔　　・　　〕
⑥ **愁ひ**つつ岡にのぼれば (ℓ.9)〔　　・　　〕

卯の花に	卯の花	（ナ　　）	卯の花が白く咲く中を、（ニ　　）の馬に乗って旅立つ（ヌ　　）の、実にすがすがしいことよ。
大原や	朧月　蝶	春	春の夜、大原の里をそぞろ歩くと、（ネ　　）に浮かれて（ノ　　）がひらひらと舞っているよ。
上行くと	秋の天	秋	（ハ　　）の雲と（ヒ　　）の雲とが行き交うようだ。高く晴れわたった（フ　　）の空では。
夕顔や	（ヘ　　）	（ホ　　）	庶民的な家の垣根に（マ　　）が白く咲く夏の夕べ、涼をとる女性の（ミ　　）が白く見える。
初恋や	（ム　　）	（メ　　）	初恋なのだなあ。（モ　　）のもとに、二人の若い（ヤ　　）が顔と顔を寄せて語り合っている。
愁ひつつ	花いばら	（ユ　　）	愁いを抱きながら（ヨ　　）に登ってみると、あちらこちらに（ラ　　）の花が咲いていることだ。
月や霞	霞　川千鳥	冬	月が照ったかと思うと急に（リ　　）が降ったりする、定めない（ル　　）の夜も更けて、あたりには（レ　　）の声が聞こえる。
青海苔や	（ロ　　）	春	潮の香を運んでくれる（ワ　　）は、春の磯の石の窪みの（ヰ　　）の中で採れたものなのだ。
仰のけに	秋のせみ	秋	木から落ち、（ヱ　　）で仰向けになって力なく鳴いているよ。（ヲ　　）のせみは。

p.79 ℓ.4

⑦仰のけに**落ち**て鳴きけり　〔　　・　　〕

ア　四段活用　イ　上一段活用
ウ　上二段活用　エ　下一段活用
オ　下二段活用　カ　カ行変格活用
キ　未然形　ク　連用形　ケ　終止形
コ　連体形　サ　已然形　シ　命令形

4 **「見過ぐしにけり」**（七六・9）**の「にけり」は、どのような助動詞で構成されているか。次から選びなさい。**

p.76 ℓ.9

ア　完了と詠嘆　イ　断定と過去
ウ　断定と詠嘆　〔　　〕

5 **次の太字の助詞の種類・はたらきは、あとのア〜コのいずれにあたるか。それぞれ選びなさい。**

①年の内へふみこむ春の日足**かな**（p.76 ℓ.5）〔　　〕
②海は少し遠き**も**花の木の間かな（ℓ.7）〔　　〕
③応々と言へ**ど**たたくや雪の門（p.77 ℓ.5）〔　　〕
④梅一輪一輪**ほど**のあたたかさ（ℓ.7）〔　　〕
⑤初恋や灯籠に寄する顔**と**顔（p.78 ℓ.7）〔　　〕
⑥愁ひつつ岡にのぼれ**ば**花いばら（ℓ.9）〔　　〕
⑦月や霞その夜**の**更けて川千鳥（ℓ.11）〔　　〕
⑧青海苔**や**石の窪みの忘れ潮（p.79 ℓ.2）〔　　〕
⑨仰のけに落ち**て**鳴きけり秋のせみ（ℓ.4）〔　　〕

ア　並列の格助詞　イ　順接の接続助詞
ウ　区別の係助詞　エ　程度の副助詞
オ　逆接の接続助詞　カ　詠嘆の間投助詞
キ　主格の格助詞　ク　詠嘆の終助詞
ケ　状態の格助詞　コ　添加の接続助詞

内容の理解

思考力・判断力・表現力

〔貞門・談林〕

松永貞徳

1 「雪月花」（七六・3）について解説した、次の文の空欄①〜④には、どのような言葉が入るか。あとのア〜カから選びなさい。

「卯木」に卯〔　①　〕を掛けて、陰暦四月の卯〔　①　〕に、〔　②　〕のような白い〔　③　〕を咲かせているから、「雪月花を一度に見せている卯木だよ。」と洒落た、〔　④　〕の句である。

ア　雪　　イ　月　　ウ　花

エ　枯淡　　オ　機知　　カ　風流

①〔　　〕②〔　　〕③〔　　〕④〔　　〕

北村季吟

2 「年の内へ」（七六・5）について、次の問いに答えなさい。

(1) 修辞技巧として縁語が用いられている。「ふみこむ」はどの言葉の縁語か。該当する言葉を抜き出しなさい。

〔　　〕

(2) この句は、何を主題としてよんだものか。漢字四字で答えなさい。

西山宗因

3 「海は少し」（七六・7）には、『源氏物語』（須磨）の一節「須磨には、いとど心づくしの秋風に、海は少し遠けれど……」の語句が取り入れられて、この句の趣に重要な役割を果たしている。これは、和歌や連歌におけるどのような修辞法と同じか。その修辞法の名称を答えなさい。

〔　　〕

井原西鶴

4 「浮き世の月」（七六・9）について、次の問いに答えなさい。

(1) この句は西鶴辞世の句であるが、西鶴は何歳で亡くなっているとわかるか。次から選びなさい。

ア　四十八歳

イ　五十歳

ウ　五十二歳

〔　　〕

(2) 連歌・俳諧で、句中や句末にあって一句の意味を切る特定の語を、切れ字という。この句から切れ字を抜き出しなさい。

〔　　〕

〔蕉門〕

松尾芭蕉

5 「奈良七重」（七七・3）について、次の問いに答えなさい。

(1) 「七重」は、奈良が七代の都という意とか、奈良の七大寺をさすなどの諸説があるが、この句の主題を十五字以内で答えなさい。（句読点は含まない）

(2) 次のA〜Cの修辞技法に該当するものを、あとのア〜エからそれぞれ選びなさい。

A　「奈良」「七重」

B　「七重」「八重」

C　「七重」「七堂」「八重」

ア　漸層法　　イ　対句　　ウ　縁語　　エ　頭韻

A〔　　〕B〔　　〕C〔　　〕

向井去来

6 「応々と」（七七・5）において、家の中から「応々」と答えているのに、なお門をたたき続ける訪問者の様子から、どのような情景が読み取れるか。三十字以内で説明しなさい。（句読点を含む）

服部嵐雪

7「梅一輪」（七七・7）において、「梅」は何を感じさせるものとしてよまれているか。次から選びなさい。

ア　全盛だったころに対する懐旧の情。
イ　近づいてくる早春の暖かさ。
ウ　過ぎゆく春を惜しむ人の心。

森川許六

8「卯の花に」（七七・9）において、作者許六は何をよんだのか。次から選びなさい。

ア　早暁の離別の悲しみ。
イ　初夏の夜明けの旅立ちの爽やかさ。
ウ　初秋の旅立ちの不安。

内藤丈草

9「大原や」（七七・11）について、次の問いに答えなさい。

(1)「大原」から連想される文学作品が、この句の趣に重要な役割を果たしている。その作品として適当なものを、次から選びなさい。

ア　竹取物語　イ　枕草子　ウ　平家物語

(2)この句の評語として適当なものを次から選びなさい。

ア　夢幻的　イ　退廃的　ウ　写実的

野沢凡兆

10「上行くと」（六八・2）に「上行くと下来る雲」とあるが、どのような雲の姿を描いたものか。次から選びなさい。

ア　激しく群立っている雲の姿。
イ　重くたれこめている雲の姿。
ウ　高く澄みわたった空を去来する雲の姿。

〔芭蕉以降〕

千代女

11「夕顔や」（六八・5）に「女子」とあるが、どのような女性か。次から選びなさい。

ア　行水《ぎょうずい》する庶民的な娘。
イ　夜着に着替える公家の娘。
ウ　子に乳を与える武家の妻。

炭太祇

12「初恋や」（六八・7）についての鑑賞として適当なものを、次から選びなさい。

ア　秘められた初恋の淡い悲しみが美しく描かれている。
イ　遠い昔の初恋を回想して涙している感じである。
ウ　初々しい恋人たちへの慈しみを表している。

与謝蕪村

13「愁ひつつ」（六八・9）で「花いばら」がよまれているが、蕪村が「花いばら」をよんだ句には、他に「花いばら故郷の路《みち》に似たるかな」がある。「花いばら」は蕪村にとってどのような花だったか。「愁ひつつ」に注意して、十二字以内で答えなさい。（句読点を含む）

上田秋成

14「月や霰」（六八・11）において、作者秋成は何をよんだのか。次から選びなさい。

ア　月を眺め歌を吟じながら歩く、秋の夜の気分。
イ　季節はずれの霰が急に降ってきて、夜のしじまをぬって音を立てる、夏の夜の慌ただしい心。
ウ　月が照ったかと思うと急に霰が降ったりする、定めない冬の夜も更けて、あたりに川千鳥の声が聞こえる。そうした天候の変わりやすい冬の気分。

高井几董

15「青海苔や」（七九・2）によまれている春の磯の情景は、次のどの感覚に触発されて生まれたものか。次から選びなさい。

ア　視覚　イ　嗅覚　ウ　触覚

小林一茶

16「仰のけに」（七九・4）は感傷に流されず対象を見据えているが、苦笑を誘う一茶特有の表現がある。該当する表現を、句の中から四字以内で抜き出しなさい。

学習目標　昔話として現代まで継承された話を読み、登場人物の心境を読み取る。

御伽草子（浦島太郎）

教科書 p.82〜p.85

検印

展開の把握

思考力・判断力・表現力

○次の空欄に適語を入れて、内容を整理しなさい。　▼学習一

第一段落（起）	第二段落（承）	第三段落（転）	第四段落（結）	
（p.82 ℓ.6〜p.83 ℓ.3）	（p.83 ℓ.4〜p.83 ℓ.13）	（p.84 ℓ.1〜p.84 ℓ.9）	（p.84 ℓ.10〜p.84 ℓ.14）	（p.84 ℓ.15〜終わり）
女を竜宮城に送る	故郷に帰る申し出と玉手箱	七百年後の故郷	箱を開けると老人	夫婦明神となる後日譚
浦島は女の教えるままに船を進め、〔ア　〕ほどで女の故郷に着いた。その住居は〔イ　〕に尽くしがたいほど〔ウ　〕だった。	竜宮城で三年過ごすうちに、故郷の〔エ　〕が気になり、三十日の暇を請う。女は、自分が助けられた亀で、恩返しに〔オ　〕になったことを告げ、形見の箱を渡して開けるなと注意した。	荒れ果てた故郷に戻った浦島は、浦島という者は〔カ　〕年以上も前のことで、〔キ　〕まであることを知る。自分の墓の前で悲しみの歌をよんだ。	〔ク　〕として箱を開けると、〔ケ　〕が三筋立ち上り、二十四、五歳だった浦島は、たちまち〔コ　〕に変わってしまった。	その後浦島は〔サ　〕となって飛び立ち、のちに〔シ　〕の国の浦島明神となり、〔ス　〕も同じ所の明神となって、「夫婦明神」となった。

語句・文法

知識・技能

1 次の語の意味を調べなさい。

① おろかなり（p.83 ℓ.2）〔　〕
② かりそめなり（ℓ.6）〔　〕
③ 心もとなし（ℓ.7）〔　〕
④ 心やすし（ℓ.8）〔　〕
⑤ 参らす（ℓ.10）〔　〕
⑥ いつくし（ℓ.12）〔　〕
⑦ あひかまへて〔　〕
⑧ よしなし（p.85 ℓ.2）〔　〕

2 次の太字の語の活用形を答えなさい。

① 三年を送り**候へ**ば、（p.83 ℓ.7）〔　〕
② 参り**候は**ん。（ℓ.8）〔　〕
③ 包み**候ふ**べき。（ℓ.9）〔　〕
④ 亀にて**候ふ**が、〔　〕
⑤ なり参らせて**候ふ**。〔　〕
⑥ 形見に御覧じ**候へ**。（ℓ.11）〔　〕
⑦ 不思議に**こそ**候へ。（p.84 ℓ.2）〔　〕

3 次の太字の係助詞「こそ」の結びの語を抜き出し、終止形を答えなさい。

① 見る**こそ**悔しかりけれ。（p.84 ℓ.12）〔　〕・〔　〕
② さて**こそ**、七百年の齢を保ちけれ。（p.85 ℓ.1）〔　〕・〔　〕
③ 開けにける**こそ**よしなけれ。（ℓ.2）〔　〕・〔　〕

内容の理解　思考力・判断力・表現力

第一段落

1「浦島太郎も、あはれと思ひ、同じ船に乗り、沖の方へ漕ぎ出だす。」（八二・6）とあるが、そのような行動をとったのはなぜか。次から選びなさい。

ア　女の遭難した事情に同情し、故郷へ送り届けようと思ったから。
イ　不思議な女に興味を持ち、女の故郷に行きたいと思ったから。
ウ　女に心ひかれ、生涯をともにしたいと思ったから。　〔　　〕

2「この女房の住み所、言葉にも及ばれず、なかなか申すもおろかなり。」（八三・2）について、次の問いに答えなさい。

(1)「女房」は、ここではどのような意味か。次から選びなさい。
ア　妻　イ　女性　ウ　貴人に使える侍女　〔　　〕

(2)「この女房の住み所」は、どのように呼ばれているか。本文中の言葉で答えなさい。
〔　　　　〕

(3)「この女房の住み所」は言葉で表現できないほどであると述べているが、具体的に書かれている箇所を、本文中の四字以内の言葉で二つ抜き出しなさい。

第二段落

3「三十日の暇」（八三・6）を願っているが、浦島太郎が故郷に帰ろうとするのはなぜか。十五字以内で説明しなさい。

4「会ひ奉りて、心やすく参り候はん。」（八三・7）について、次の問いに答えなさい。　▼学習二

(1)「奉り」「参り」「候は」と敬語を用いているが、それぞれ誰に敬意を払って用いたものか。次から選びなさい。
ア　父母　イ　女房　ウ　その他の人々
奉り〔　　〕　参り〔　　〕　候は〔　　〕

(2)暇をくれと申し立てた浦島太郎が、再度ここへ戻って来るつもりだったことが、どこから判断できるか。次から選びなさい。
ア　会ひ奉りて　イ　心やすく　ウ　参り候はん　〔　　〕

(3)浦島太郎は戻って来ると言っているが、女房は戻って来ないと予測したと思えるふしがある。女房の言葉から、そのことが最もよく表れた箇所を十五字以内で抜き出しなさい。（句読点を含む）

5「今は何をか包み候ふべき。」（八三・8）とあるが、どのような意味か。次から選びなさい。

ア　別れに際して何を包んで差し上げましょうか。
イ　今は包んで差し上げるような土産もありません。
ウ　今となっては何を包み隠しましょうか。　〔　　〕

第四段落

6「中より紫の雲三筋上りけり。」（八四・13）とあるが、紫の三筋の雲は何であったか。十二字以内で答えなさい。（句読点を含む）

7「君にあふ夜は浦島が玉手箱あけて悔しきわが涙かな」（八五・4）の歌には、「箱」の縁語が二つある。その一つは「あけ」であるが、他の一つは何か。次から選びなさい。

ア　あふ　イ　悔しき　ウ　涙　〔　　〕

全体

8「亀も、同じ所に神とあらはれ、夫婦の明神となり給ふ。」（八五・7）とあるが、そもそも亀が「女房」に姿を変えて浦島太郎を「女房の住み所」へ誘い、夫婦となった理由は何か。十五字以内で説明しなさい。

学習目標　昔話として現代まで継承された話を読み、物語の展開や主人公の意識・心情の変化を捉える。

宇治拾遺物語（わらしべ長者）

教科書 p.86〜p.91

検印

展開の把握

思考力・判断力・表現力　▼学習一

○次の空欄に適語を入れて、内容を整理しなさい。

第一段落（展開①）(p.86 ℓ5〜p.87 ℓ.11)	第二段落（展開②）(p.87 ℓ.12〜p.88 ℓ.9)	第三段落（展開③）(p.88 ℓ.10〜p.89 ℓ.7)	第四段落（展開④）(p.89 ℓ.8〜p.90 ℓ.14)	第五段落（結末）(p.90 ℓ.15〜終わり)
わらしべと大柑子の交換	大柑子と布の交換	布と馬の交換	馬と田の交換	わら(稲)により長者となる
大門でつまずいたときに手にした〔ア　　〕一本に虻《あぶ》を結びつけて持ち歩いた。これをほしがる若君に与えると、〔イ　　〕三つをもらった。	次に、長谷詣での〔ウ　　〕が水をほしがっているのに出会い、〔エ　　〕を与えると、お礼にごちそうになり、〔オ　　〕三巻きをもらった。	翌朝、死んだ〔カ　　〕を〔キ　　〕一巻きと交換して、長谷の観音に祈ると、〔ク　　〕が生き返った。さらに〔ケ　　〕一巻きで、轡《くつわ》や鞍《くら》を求めた。	〔コ　　〕に一泊して京に入り、旅に出ようとしている人に〔サ　　〕を売って鳥羽《とば》近くの〔シ　　〕三町にかえた。不在中の〔ス　　〕の管理も頼まれ、帰らぬ場合は所有権を譲るということになった。	〔セ　　〕の半分は小作に出し、自作の収穫も多く、たいへんな〔ソ　　〕となった。家の持ち主は結局帰らず、若者は〔タ　　〕もできて栄えた。

語句・文法

知識・技能

1 次の語の意味を調べなさい。

- p.86 ℓ.6 ①給ぶ〔　　〕
- p.87 ℓ.4 ②うちかづく〔　　〕
- ③うつくしげなり〔　　〕
- p.88 ℓ.1 ④ありつる〔　　〕
- ℓ.3 ⑤喜び〔　　〕
- p.89 ℓ.3 ⑥やはら〔　　〕
- ℓ.7 ⑦あやし〔　　〕
- ℓ.10 ⑧つとめて〔　　〕
- p.90 ℓ.2 ⑨なかなか〔　　〕
- ℓ.7 ⑩やがて〔　　〕

2 「何にかならんずらん」（八八・1）を単語に分けた場合として適当なものを、次から選びなさい。

p.88 ℓ.1

ア　何・に・か・なら・ん・ず・らん
イ　何・に・か・なら・んずら・ん
ウ　何・に・か・なら・んず・らん

〔　　〕

3 次の太字の係助詞の結びの語を抜き出し、終止形で答えなさい。

- p.89 ℓ.4 ①遅れて来る人も**ぞ**ある。〔　　〕
- ②ありつる男も**ぞ**来る。〔　　〕
- p.90 ℓ.3 ③絹や銭など**こそ**用には侍れ。〔　　〕
- ℓ.4 ④何に**かは**せんずると思ひ〔　　〕
- ℓ.5 ⑤ただ仰せに**こそ**従はめ。〔　　〕
- p.91 ℓ.4 ⑥いみじき徳人にて**ぞ**ありける。〔　　〕

内容の理解

思考力・判断力・表現力

第一段落

1「仏の給ぶ物にてあるにやあらん。」（六六・6）とあるが、どのような心情を表しているか。次から選びなさい。

ア　崇拝
イ　驚愕《きょうがく》
ウ　半信半疑

〔　　〕

2「仏のはからはせ給ふやうあらんと思ひて、」（六六・7）とあるが、「やうあらん」とはどのような意味か。次から選びなさい。

ア　わけがあるのだろう
イ　程度も知れたものだろう
ウ　ことがあるかもしれない

〔　　〕

3「捕らへて、腰をこのわら筋にて引きくくりて、杖の先につけて持たりければ、」（六七・1）とあるが、若者が虻《あぶ》をこのようにしたのはなぜか。その理由を三十字以内で説明しなさい。

第二段落

4「かかる旅の道にては、うれしと思ふばかりのことはいかがせん。」（六八・4）について、次の問いに答えなさい。

(1)「うれしと思ふばかり」とあるが、誰が「うれしと思ふ」のか。その主語を答えなさい。

〔　　〕

(2)「うれしと思ふばかりのこと」とあるが、「こと」とは何か。「こと」と同じ内容を表す語を、本文中から二つ抜き出しなさい。

〔　　〕〔　　〕

第三段落

5「『遅れて来る人もぞある。また、ありつる男もぞ来る。』など、あやふくおぼえければ、」（六九・4）について、「あやふくおぼえければ」とあるが、この危惧は「遅れて来る人もぞある。また、ありつる男もぞ来る。」の中のどの言葉に表されているか。該当する言葉を抜き出しなさい。

〔　　〕

第四段落

6「これを売りてばや。」（六九・13）とあるが、若者が駿馬を売ってしまいたいと思ったのはなぜか。次から選びなさい。

ア　京には駿馬だと見てわかる人がいて、盗んでしまいたいほどほしいなどと言われるのも心配だから。
イ　貧しかった自分の昔を見知っている人がいて、他にも駿馬を盗むのではないかと警戒されるのもおもしろくないから。
ウ　駿馬を見知っている人がいて、盗んだのではないかととがめられるのもつまらないから。

〔　　〕

7「馬の御用あるべくは、ただ仰せにこそ従はめ。」（七〇・4）とあるが、「ただ仰せにこそ従はめ。」というのはどのような意味を言外に含んでいるか。次から選びなさい。

ア　田をもらってもしかたがないのだが、相手の頼みを断りきれないので、馬を田や米などと交換してもよいということ。
イ　絹や銭よりも田や米などがよいと思うのだが、相手に恩を着せる形で、馬を田や米などとしぶしぶ交換してもよいということ。
ウ　絹も銭も田もほしいのだが、相手の頼みもあって、やむなく馬を田や米などと交換してもよいということ。

〔　　〕

全体

8この「わらしべ長者」は、どのような話か。次から選びなさい。

ア　誠実に努力すれば神仏も見放さず、長者になれるという教訓話。
イ　長谷寺観音を信仰したご利益によって長者になった霊験話。
ウ　知恵と才覚一筋で、長者に成り上がった若者の出世話。

〔　　〕

学習目標 物語の冒頭部分を読んで、登場人物の置かれている状況や心情を捉える。

源氏物語（光る君誕生）

教科書 p.94～p.97

検印

展開の把握　思考力・判断力・表現力

○次の空欄に適語を入れて、内容を整理しなさい。

第一段落（初め～ p.95 ℓ.4）	第二段落（p.95 ℓ.5 ～ p.95 ℓ.9）	第三段落（p.95 ℓ.10 ～ p.96 ℓ.1）	第四段落（p.96 ℓ.2 ～ p.96 ℓ.11）	第五段落（p.96 ℓ.12 ～ 終わり）
帝、更衣を溺愛	更衣の後ろ盾	光る君の誕生	第一皇子の母女御の危惧	更衣の悩み
いつの時代であったか、帝が溺愛なさる更衣がいた。他の〔ア〕や更衣たちから〔イ〕され、〔ウ〕になってゆく更衣を、帝はますます寵愛なさるので、上達部・殿上人や、世人までもが、〔エ〕の目を向けた。	〔オ〕であった父は亡くなり、母一人が宮仕えを支えていた。	帝とのご〔カ〕が深かったのだろうか、玉のような〔キ〕が生まれ、帝は〔ク〕のしっかりした第一皇子以上にご寵愛になった。	帝は、何事にも由緒ある〔ケ〕の折々には、この更衣をそば近くに置かれたが、この皇子誕生後は格別に〔コ〕なさるので、〔サ〕にもこの皇子がなられるのではないかと、第一皇子の母〔シ〕の女御はお疑いになった。	更衣は帝の恐れ多いご〔ス〕をお頼り申し上げるのだが、一方ではおとしめ、〔セ〕をお探しになる方は多く、思い悩みなさる。その更衣のお部屋は〔ソ〕である。

語句・文法　知識・技能

1 次の語の意味を調べなさい。

- p.94 ℓ.1　①やむごとなし〔　　〕
- ℓ.2　②時めく〔　　〕
- ℓ.3　③めざまし〔　　〕
- ℓ.6　④あつし〔　　〕
- p.95 ℓ.3　⑤はしたなし〔　　〕
- ℓ.7　⑥はかばかし〔　　〕
- ℓ.11　⑦いつしか〔　　〕
- ℓ.14　⑧にほひ〔　　〕
- p.96 ℓ.3　⑨わりなし〔　　〕
- ℓ.5　⑩やがて〔　　〕

2 次の太字の「せ」は、あとのア～エのいずれにあたるか。それぞれ選びなさい。

- p.94 ℓ.7　①そしりをもえはばから**せ**給はず、〔　　〕
- p.95 ℓ.11　②心もとながら**せ**給ひて、〔　　〕
- ③急ぎ参ら**せ**て御覧ずるに、〔　　〕
- p.96 ℓ.3　④まつはさ**せ**給ふあまりに、〔　　〕
- ℓ.5　⑤まう上ら**せ**給ふ、〔　　〕
- ⑥候は**せ**給ひなど、〔　　〕
- ℓ.6　⑦もてなさ**せ**給ひしほどに、〔　　〕
- ℓ.8　⑧坊にも、よう**せ**ずは、この皇子の〔　　〕
- ℓ.11　⑨思ひ聞こえさ**せ**給ひける。〔　　〕

ア　サ行変格活用動詞「す」の未然形
イ　尊敬の助動詞「す」の連用形
ウ　使役の助動詞「す」の連用形
エ　尊敬の助動詞「さす」の連用形の一部

内容の理解

思考力・判断力・表現力

第一段落

1 新傾向 「いとやむごとなききはにはあらぬが、すぐれて時めき給ふ」（㊃・1）人物について、生徒同士で会話をしている。

生徒A：一の皇子の母である女御は、住んでいる部屋である「弘徽殿」と身分の「女御」を合わせた「弘徽殿の女御」と呼ばれていたようだけれど、この人にも呼び名はなかったのかな。

生徒B：本文に「〔 A 〕」とあるから、この人の身分が更衣であることがわかるね。それに、「〔 B 〕」とあるので、「桐壺」と呼ばれる部屋に暮らしていたみたいだね。

生徒C：ということは、この人は宮中では「〔 C 〕」と呼ばれていたと考えられるね。

(1) 空欄A・Bに入る箇所を本文中から抜き出し、それぞれ初めと終わりの三字で答えなさい。（句読点は含まない）

A ～

B ～

(2) 空欄Cに入る呼び名を五字で答えなさい。

2 「初めより我はと思ひあがり給へる御方々、」（㊃・2）について、次の問いに答えなさい。

(1) 「我はと思ひあがり給へる」とあるが、「我は」の次にどのような言葉が省略されているか。十五字以内の現代語で答えなさい。（句読点を含む）

(2) 「思ひあがり」とあるが、どのような心情か。次から選びなさい。

ア 自負
イ 自得
ウ 自失

〔　〕

(3) 「御方々」の「御方」とは誰をさすか。本文中の言葉で答えなさい。

〔　〕

第一段落

3 「唐土にも、かかることの起こりにこそ、世も乱れあしかりけれ」（㊃・9）について、次の問いに答えなさい。

(1) 「かかることの起こりにこそ」とあるが、「かかる」とはどのようなことか。その指示内容を、十五字以内で具体的に説明しなさい。

(2) 「ことの起こり」とは、どのような意味か。次から選びなさい。

ア 起源
イ 原因
ウ 病気

〔　〕

4 「いとはしたなきこと多かれど、かたじけなき御心ばへのたぐひなきを頼みにて、」（㊄・3）について、次の問いに答えなさい。

(1) 「いとはしたなきこと多かれど」とあるが、「はしたなきこと」とは、誰の、どのような状態を表したものか。次から選びなさい。

ア 周囲の非難・嫉妬が激しくなると、帝の寵愛が衰えていくのではないかと、更衣にとっては不安な思いをする状態。

イ 帝の寵愛が深まるほどに周囲の非難・嫉妬が激しくなり、更衣にとってはいたたまれない思いをする状態。

ウ 更衣を寵愛すればするほど、周囲の非難が激しくなり、帝にとっては不愉快な思いをする状態。

〔　〕

第一段落

(2)「かたじけなき御心ばへのたぐひなきを頼みにて」とは、どのような意味か。次から選びなさい。

ア　欠点のない人々への心配りがいろいろ多いことに助けられて
イ　思いやりのあるやさしいご性質がすぐれているのを期待して
ウ　恐れ多い帝のご寵愛が比類ないのを頼みとして

〔　　〕

第三段落

5「玉の男皇子さへ生まれ給ひぬ。」（六五・10）とあるが、添加を表す副助詞「さへ」は、具体的にどのようなことを表しているか。次から選びなさい。

ア　前世の因縁が深かったうえに、さらに皇子が生まれて因縁がますます深まったこと。
イ　世にないほど美しいうえに、さらに姫君でなく皇子が生まれたということ。
ウ　寵愛されているうえに、さらに二人のきずなを強くするような皇子が生まれたこと。

〔　　〕

6「おほかたのやむごとなき御思ひにて、」（六五・14）について、次の問いに答えなさい。

(1)「やむごとなき御思ひ」とは、どのようなご情愛を意味しているか。次から選びなさい。

ア　類いまれなほど容貌がかわいらしくていらっしゃる方という思いのご情愛。
イ　皇太子となり、将来は皇位を継承するはずの尊い方という思いのご情愛。
ウ　右大臣の娘の女御の腹に生まれ、後見がしっかりしている方という思いのご情愛。

〔　　〕

第三段落

(2)「やむごとなき御思ひ」と対比しているものは、何か。本文中から一語で抜き出しなさい。

〔　　〕

第四段落

7「軽き方にも見えし」（六六・6）とあるが、「軽き方」とはどのような人か。本文中から抜き出しなさい。

〔　　〕

第五段落

8「なかなかなるもの思ひ」（六六・13）とあるが、具体的にはどのようなもの思いか。次から選びなさい。

ア　かえって帝のご寵愛を受けないほうがよいという気苦労。
イ　あら探しする人は多く、ご自身は病弱だというつらい思い。
ウ　なまじっかなことで帝のご愛情を頼みにするのは申し訳ないという悩み。

〔　　〕

全体

9「いづれの御時にか、」（六四・1）という書き出しは、『竹取物語』の書き出しと比較して、本質的な違いがある。このことについて解説した次の文章の空欄A～Dに入る適当な言葉を、あとのア～オからそれぞれ選びなさい。

『竹取物語』の書き出しは、「今は昔、竹取の翁といふ者ありけり。」とあるように、物語の時代を〔　A　〕の過去に設定し、一つの〔　B　〕として昔物語を述べようとしている。これに対して、『源氏物語』の書き出しは、天皇の名は示されていなくても、〔　C　〕の時代と暗示するものとなっており、虚構の物語の中に〔　D　〕を感じさせようとする意図が見られる。

ア　特定　　イ　不特定　　ウ　伝説
エ　理想　　オ　現実

A〔　　〕　B〔　　〕　C〔　　〕　D〔　　〕

学習目標　物語の一場面を読んで、登場人物の人物像や心情をとらえ、和歌を解釈する。

源氏物語（若紫）

教科書 p.98～p.101

検印

展開の把握

思考力・判断力・表現力

○次の空欄に適語を入れて、内容を整理しなさい。

第一段落 (p.98 ℓ.6～p.99 ℓ.7)	源氏の目にとまった少女	十歳ぐらいの美少女が、〔ア　　〕を犬君が逃がしたと言って走って来る。泣き顔は〔イ　　〕に似て、娘らしいと源氏は推測する。〔ウ　　〕が見つけたらたいへんだと言って、少納言の乳母は部屋を出て行く。
第二段落 (p.99 ℓ.8～p.100 ℓ.3)	少女に目がとまった理由	たわいなくていらっしゃると、尼君にたしなめられる美少女の〔エ　　〕が、思いを寄せる〔オ　　〕に似ているので、自然と見つめてしまうのだと気づいて、〔カ　　〕は涙を流す。
第三段落 (p.100 ℓ.4～p.100 ℓ.11)	少女の行く末を案ずる尼君	少女の〔キ　　〕をなでながら、「自分が死んだら、〔ク　　〕もこの世を去っているあなたは、どうなることでしょう。」と〔ケ　　〕が泣くのをじっと見守って、少女はしんみりとする。
第四段落 (p.100 ℓ.12～p.100 ℓ.14)	尼君の歌に唱和する女房	〔コ　　〕どうなるかもわからないこの子を残しては、〔サ　　〕にも死にきれないと尼君が歌をよむと、そばに座っていた〔シ　　〕がそんな〔ス　　〕なことではいけないと唱和する。

語句・文法

知識・技能

1 次の語の意味を調べなさい。

p.99 ℓ.1 ①さいなむ〔　　〕
ℓ.2 ②心づきなし〔　　〕
ℓ.6 ③めやすし〔　　〕
ℓ.7 ④後見〔　　〕
ℓ.14 ⑤らうたげなり〔　　〕
ℓ.15 ⑥ねびゆく〔　　〕
p.100 ℓ.1 ⑦ゆかし〔　　〕
ℓ.2 ⑧まもる〔　　〕
ℓ.5 ⑨うしろめたし〔　　〕
ℓ.9 ⑩すずろなり〔　　〕

2 「まもらるるなりけり」（100・2）の文法的説明として適当なものを、次から選びなさい。

p.100 ℓ.2 〔　　〕

ア　四段動詞未然形＋自発の助動詞連体形＋断定の助動詞連用形＋詠嘆の助動詞終止形
イ　下二段動詞連体形＋断定の助動詞連用形＋過去の助動詞終止形
ウ　下一段動詞連体形＋推定の助動詞連用形＋過去の助動詞終止形

3 次の太字の語の品詞名をそれぞれ答えなさい。

p.98 ℓ.6 ①さては童べぞ、〔　　〕
p.99 ℓ.8 ②いで、あなをさなや。〔　　〕
p.100 ℓ.5 ③かばかりになれば、〔　　〕

内容の理解 思考力・判断力・表現力

第一段落

1「顔は、いと赤くすりなして立てり。」(九六・10)とあるが、少女（若紫）の顔が赤かったのはなぜか。次から選びなさい。

ア 色白の上にひどく興奮していたから。
イ 走って来て顔がほてっていたから。
ウ 流れた涙を手でこすったから。
〔　　〕

2「雀の子を、犬君が逃がしつる。伏籠の内にこめたりつるものを。」(九六・12)について、次の問いに答えなさい。

(1)「逃がしつる。」は、完了の助動詞「つ」の連体形「つる」で終止し、連体形止めの余情表現となっている。話し手である少女のどのような心情を表したものか。その心情を表す語を、本文中から抜き出しなさい。
〔　　〕

(2)連体形止めが表したのと同じ心情をよく表現している助詞が少女の会話文中にある。その助詞を抜き出しなさい。
〔　　〕

3「例の、心なしの、かかるわざをしてさいなまるるこそ、いと心づきなけれ。」(九六・13)について、次の問いに答えなさい。

(1)「例の、心なしの」とあるが、「心なし」とは誰をさすか。次から選びなさい。

ア 童べ
イ 犬君
ウ 少女
〔　　〕

(2)「かかるわざをして」とあるが、「かかるわざ」とはどのようなことか。次から選びなさい。

ア 顔が赤くなるほど手でこすったこと。
イ してはならないと注意したけんかをしたこと。
ウ 雀の子を逃がしてしまったこと。
〔　　〕

第一段落

4「いとをかしう、やうやうなりつるものを。烏などもこそ見つくれ。」(九九・3)について、次の問いに答えなさい。

(1)「いとをかしう」とは、どのような意味か。十字以内で口語訳しなさい。（句読点は含まない）

(2)「烏などもこそ見つくれ。」とは、どのような意味か。次から選びなさい。

ア 烏などが見つけていじめたら大変だわ。
イ 烏の子でも代わりに見つけてくるわ。
ウ 烏が先に見つけてくれるわ。
〔　　〕

第二段落

5「いで、あなをさなや。言ふかひなうものし給ふかな。おのが、かく今日明日におぼゆる命をば、何ともおぼしたらで、雀慕ひ給ふほどよ。罪得ることぞと、常に聞こゆるを、心憂く。」(九九・8)について、次の問いに答えなさい。

(1)話し手である尼君の、少女に対するどのような心情が表れているか。その心情を表す形容詞を三つ抜き出し、それぞれ終止形で答えなさい。
〔　　〕〔　　〕〔　　〕

(2)また、これらの心情が会話文中の文末の助詞にもよく表れている。その助詞を三つ抜き出しなさい。
〔　　〕〔　　〕〔　　〕

第二段落

6 「ねびゆかむさまゆかしき人かなと、目とまり給ふ。」（九九・15）について、次の問いに答えなさい。

(1) 「ねびゆかむさまゆかしき人かな」とあるが、どのような意味か。次から選びなさい。

ア　大人びていていかにも美しい人だなあ。
イ　成人したらぜひ妻にしたい人だなあ。
ウ　成人していく将来の美貌が見たい人だなあ。
〔　　〕

(2) これと同じ意味の表現がある。その表現を本文中から抜き出し、初めと終わりの四字で答えなさい。（句読点は含まない）

〔　　　　〕～〔　　　　〕

第三段落

7 「かばかりになれば、いとかからぬ人もあるものを。」（一〇〇・5）について、次の問いに答えなさい。▼脚問2

(1) 「かばかり」とあるが、どのような意味か。その具体的内容を明示して十字以内で答えなさい。（句読点は含まない）

〔　　　　　　　　　　〕

(2) 「かからぬ人」とあるが、「かから」はどのようなことをさすか。次から選びなさい。

ア　をかし　イ　はかなう　ウ　あはれに
〔　　〕

第四段落

8 「生ひ立たむ」（一〇〇・12）の歌について、次の問いに答えなさい。▼学習三

(1) 「若草」「露」とあるが、これは何の比喩か。それぞれ漢字二字で答えなさい。

若草〔　　〕　露〔　　〕

(2) この歌をよんだ尼君の心情は、どのようなものか。その心情を表す形容詞として適当なものを次から選びなさい。

ア　はかなし　イ　うしろめたし　ウ　悲し
〔　　〕

第四段落

9 「はつ草の」（一〇〇・14）の歌について、次の問いに答えなさい。▼学習三

(1) この歌の縁語について説明した次の文の空欄A～Dに入る言葉を、歌の中からそれぞれ抜き出しなさい。

〔A〕・〔B〕は〔C〕の縁語であり、〔D〕は〔B〕の縁語である。

A〔　　〕　B〔　　〕
C〔　　〕　D〔　　〕

(2) この歌をよんだ「ゐたる大人」（一〇〇・13）の心情は、どのようなものか。次から選びなさい。

ア　尼君に同情して、ともに悲しもうとしている。
イ　気弱になっている尼君を励まそうとしている。
ウ　尼君とともに少女の将来を考えようとしている。
〔　　〕

全体

10 この文章は、無邪気で際立ってかわいい少女（若紫）の描写と、会話を通してうかがわれる尼君の心情とが中心となっている。その尼君の心情として適当なものを、次から選びなさい。

ア　少女の頼りなさに心安まらず、将来に不安を抱いている。
イ　老いの身で少女を育て守ることに疲れ、いらだっている。
ウ　少女の将来に期待して厳しくしつけたいと思っている。
〔　　〕

11 この文章の背景となる春の季節は、源氏の身に新しい幸福が来る前兆となっていて、将来の伴侶となる美しい少女の発見に、この上ない場面効果としての役割を果たしている。季節が春であることが、どの言葉によってわかるか。第一段落から抜き出しなさい。

〔　　　　〕

学習目標　歴史物語の一場面を読んで、登場人物の人物像や行動、心情を捉える。

大鏡（弓争ひ）

教科書p.102～p.103

検印

展開の把握

思考力・判断力・表現力

○次の空欄に適語を入れて、内容を整理しなさい。

第一段落（初め～p.102 ℓ.7）	第二段落（p.102 ℓ.7～p.103 ℓ.6）	第三段落（p.103 ℓ.6～終わり）
伊周との腕くらべ	胆を抜かれた伊周	中の関白家のしらけ
中の関白〔ア　〕の子伊周が、人々を集めて〔イ　〕の競技を催しているところ、叔父の〔ウ　〕が突然現れた。道隆は道長の〔エ　〕をとり、伊周と弓の〔オ　〕をさせたところ、伊周が〔カ　〕負けてしまった。	そこで、道隆らが勝負を〔キ　〕延長させた。道長は〔ク　〕に思いながらも、勝負を受けて、「自分の家から、帝・〔ケ　〕が出るはずのものならば、この〔コ　〕当たれ。」と言って射ると、的の〔サ　〕を射抜いた。次に伊周が射たが、〔シ　〕して、とんでもないところを射たので、道隆の〔ス　〕が青くなった。	次にまた道長が「摂政・〔セ　〕になるはずのものならば、当たれ。」と言って射ると、同じように〔ソ　〕を射抜いた。〔タ　〕もさめて気まずくなり、道隆は伊周に勝負を〔チ　〕させ、〔ツ　〕がしらけてしまった。

語句・文法

知識・技能

1 次の語の意味を調べなさい。

①あそばす（p.102 ℓ.1）〔　〕
②饗応す（ℓ.4）〔　〕
③下臈〔　〕
④ものかは（p.103 ℓ.4）〔　〕
⑤臆す〔　〕
⑥わななく（ℓ.5）〔　〕
⑦ことさむ（ℓ.10）〔　〕

2 次の太字の助動詞「させ」の意味は、あとのア・イのいずれにあたるか。それぞれ選びなさい。

①まづ射**させ**奉らせ給ひけるに、（p.102 ℓ.5）〔　〕
②延べ**させ**給ひけるを、（ℓ.9）〔　〕
③また射**させ**給ふとて、（p.103 ℓ.2）〔　〕
④同じところに射**させ**給ひつ。（ℓ.8）〔　〕
⑤もてはやし聞こえ**させ**給ひつる〔　〕

ア　尊敬　イ　使役

3 次の太字の助動詞の意味は、あとのア～エのいずれにあたるか。それぞれ選びなさい。

①弓あそばし**し**に、（p.102 ℓ.1）〔　〕
②この殿渡らせ給へ**れ**ば、（ℓ.2）〔　〕
③帝・后立ち給ふ**べき**ものならば、（p.103 ℓ.2）〔　〕
④御手もわななく故**に**や、（ℓ.4）〔　〕
⑤色青くなり**ぬ**。（ℓ.6）〔　〕
⑥同じところに射させ給ひ**つ**。（ℓ.8）〔　〕
⑦ことさめ**に**けり。（ℓ.10）〔　〕

ア　断定　イ　過去　ウ　完了　エ　当然

内容の理解

思考力・判断力・表現力

第一段落

1「前に立て奉りて、まづ射させ奉らせ給ひける」（一〇二・5）とあるが、これはどのような行動か。適当なものを、次から選びなさい。

ア　まずは敬意を表してもてなす行動。
イ　軽くあしらってしまおうとする行動。
ウ　相手の力を試そうとする用心深い行動。

〔　　〕

2「帥殿の矢数いま二つ劣り給ひぬ。」（一〇二・6）とあるが、中の関白殿やその御前に侍っている人々は、「いま二つ」の矢数の差をどのように受け取っていると考えられるか。適当なものを、次から選びなさい。

ア　中の関白家の将来を占うに足りる差である。
イ　弓の競技に起こりうるわずかな差である。
ウ　目上の道長に遠慮したために生じた差である。

〔　　〕

第二段落

3『いまふたたび延べさせ給へ。』と申して、延べさせ給ひけるを、やすからずおぼしなりて、」（一〇二・8）について、次の問いに答えなさい。

(1)「いまふたたび延べさせ給へ。」という言葉は、どのような意味をもっているか。適当なものを、次から選びなさい。

ア　道長に対して、この勝負をなかったことにすることを暗に依頼している。
イ　なんとしても伊周を道長に負けさせたくないと思っている。
ウ　新たな気持ちで、道長と伊周の勝負をやり直すことが求められている。

〔　　〕

(2)「やすからずおぼしなりて」とあるが、「やすからず」とは道長のどのような心情を表したものか。漢字二字で答えなさい。

4「御手もわななく故にや、」（一〇三・4）とあるが、伊周の手が震えたのはなぜか。適当なものを、次から選びなさい。

ア　道長の気迫に圧倒されてしまったから。
イ　道長の大言壮語に腹を立て、気持ちが高ぶっていたから。
ウ　矢を何本も射たことがなく、疲れていたから。

〔　　〕

第二段落

5「無辺世界を射給へるに、関白殿、色青くなりぬ。」（一〇三・5）について、次の問いに答えなさい。

(1)伊周と道長との対照がきわだって描かれているが、伊周について叙述した（A）「無辺世界」、（B）「射給へる」と対比される、道長の叙述は何か。それぞれ本文中から抜き出しなさい。　▼学習一

A〔　　〕
B〔　　〕

(2)「関白殿、色青くなりぬ。」とあるが、その原因の一つは不吉な予感がしたからである。その不吉な予感の内容は、どのようなことか。二十五字以内で説明しなさい。　▼学習二

第三段落

6「こと苦うなりぬ。」（一〇三・9）とは、どのようになってしまったのか。次から選びなさい。

ア　なんとも言えない苦い経験となってしまった。
イ　苦しい状態になってしまった。
ウ　気まずくなってしまった。

〔　　〕

全体

7この話は、道長のどのような性格を語ろうとしたものか。次から選びなさい。

ア　強情　　イ　豪胆　　ウ　驕慢《きょうまん》

〔　　〕

学習目標　歴史物語の一場面を読んで、構成や内容を捉え、話の主旨を読み取る。

大鏡（三舟の才）

教科書p.104～p.105

検印

展開の把握

思考力・判断力・表現力

○次の空欄に適語を入れて、内容を整理しなさい。

▼学習一

第一段落（出来事）（発端）（初め～p.104 ℓ.3）	第一段落（出来事）（展開）（p.104 ℓ.3～p.104 ℓ.7）	第一段落（出来事）（結末）（p.104 ℓ.7～p.104 ℓ.13）	第二段落（感想）（添加）（p.104 ℓ.13～終わり）
道長の舟遊び	公任の詠歌	公任の述懐	語り手の称賛
ある年、道長が、大井川で（ア　　）を催したとき、漢詩の舟・（イ　　）の舟・和歌の舟の三つに分け、それぞれ（ウ　　）の道にすぐれた人を乗せた。	公任が参上したのを見て、道長はどの舟に乗るのかと問うた。公任は（エ　　）の舟に乗り、「小倉山」の歌をよんで、人々から（オ　　）された。	公任はあとで、（カ　　）の舟に乗って、これほどの漢詩を作り、（キ　　）を博するほうがよかったと（ク　　）がり、それにしても道長に（ケ　　）が評価されたことは、（コ　　）にならずにはいられなかったと述懐した。	一道に秀でることさえ（サ　　）のに、公任のようにどの（シ　　）にも卓越していた人は、昔にも（ス　　）のないことである。

語句・文法

知識・技能

1 次の語の意味を調べなさい。

p.104

ℓ.1 ①ひととせ（　　）

②逍遥す（　　）

③作文（　　）

ℓ.2 ④たふ（　　）

ℓ.6 ⑤嵐（　　）

ℓ.7 ⑥あそばす（　　）

2 次の太字の語は、あとのア～カのいずれにあたるか。それぞれ選びなさい。

p.104

ℓ.3 ①いづれの舟にか乗らるべき。（　　）

②いづれの舟にか乗らるべき。（　　）

ℓ.5 ③よみ給へるぞかし、（　　）

ℓ.7 ④あそばしたりな。（　　）

ℓ.8 ⑤作文のにぞ乗るべかりける。（　　）

ℓ.9 ⑥まさりなまし。（　　）

ア　適当の助動詞　　イ　完了の助動詞

ウ　推量の助動詞　　エ　強意の助動詞

オ　尊敬の助動詞　　カ　詠嘆の終助詞

3 この文章では、入道殿には「させ給ひ」「せ給ひ」と二重の敬語を用い、大納言殿には「給へ」「給ひ」のみの敬語を用いて、身分の違いを明示している。これと同じく対比的に両者の身分の違いを明示している敬語動詞を本文中から抜き出し、終止形で答えなさい。

▼学習三

入道殿（　　）（　　）

大納言殿（　　）（　　）

内容の理解

思考力・判断力・表現力

第一段落

1 「かの大納言、いづれの舟にか乗らるべき。」（一四・3）とは、どのような意味か。次から選びなさい。

ア あの大納言は、どの舟にお乗りになるのだろうか。

イ あの大納言は、どの舟に乗るのが当然か。

ウ あの大納言は、どの舟にお乗りにならねばならないのだろうか。

〔　　〕

2 「紅葉の錦着ぬ人ぞなき」（一四・6）は、実景としてどのような情景か。三十字以内で説明しなさい。

3 「申し受け給へるかひありて、あそばしたりな。」（一四・7）について、次の問いに答えなさい。

(1) 「申し受け給へるかひありて」とあるが、どのような意味か。次から選びなさい。

ア 人の要請を受けてお乗りになっただけあって

イ 歌を熱心に学んできただけあって

ウ 自分から願い出て歌をお作りになっただけあって

〔　　〕

(2) 「あそばしたりな。」の敬語をはずした文を次から選びなさい。

ア よみたりな。

イ 乗りたりな。

ウ 遊びたりな。

〔　　〕

第一段落

4 「かばかりの詩」（一四・8）とあるが、「か」は何をさしているか。次から選びなさい。

ア 「和歌の舟に乗り侍らむ。」と言ったこと。

イ 「小倉山」の歌。

ウ 「作文のにぞ乗るべかりける。」と言ったこと。

〔　　〕

5 新傾向 「殿の、『いづれにかと思ふ。』とのたまはせしになむ、我ながら心おごりせられし。」（一四・10）について、二人の生徒が次の会話をした。この会話を読んで、あとの問いに答えなさい。

生徒A：「心おごりせられし。」から、大納言殿が得意になったことが読み取れる。そんな気持ちになったのは、入道殿から「いづれにかと思ふ。」と言われたからだね。その中の「〔　A　〕」という単語が、特に大納言殿を喜ばせたんだと思う。

生徒B：そうだね。その単語は、大納言殿が〔　B　〕ことを、天下人である入道殿が認めていることを示しているからね。

(1) 空欄Aに入る言葉を一語で抜き出しなさい。

〔　　〕

(2) 空欄Bに入る言葉を十字以内で書きなさい。

全体

6 この話は、主としてどのようなことを伝えようとしたのか。次から選びなさい。

ア 大納言殿の才能の豊かさ

イ 入道殿の優れた人格

ウ 貴族の生活の優雅さ

〔　　〕

学習目標 自己の内面が赤裸々に書き綴られた日記を読み、作者の考えや心理を捉える。

蜻蛉日記（泔坏の水）

教科書p.108〜p.109

検印

展開の把握

思考力・判断力・表現力

○次の空欄に適語を入れて、内容を整理しなさい。

第一段落（初め〜p.108 ℓ.9）	兼家との口論	兼家が訪れて〔ア　　〕に過ごしている日に、ほんの〔イ　　〕なことから〔ウ　　〕になって、兼家は腹を立てて出て行くことになった。帰り際に兼家は子の〔エ　　〕を呼び出して、「私はもう来ないよ。」と言い捨てて出て行った。〔オ　　〕で泣く道綱をなだめ、兼家の〔カ　　〕を待っていたが、五、六日たっても〔キ　　〕がない。
第二段落（p.109 ℓ.1〜p.109 ℓ.6）	兼家の途絶え	いつもとは違う〔ク　　〕になったので、心細くて〔ケ　　〕していたところ、兼家が出て行った日に使った〔コ　　〕の水がそのままになっていて、水面に〔サ　　〕が浮いていた。こんなになるまでとあきれていた日に、兼家がやって来た。
第三段落（p.109 ℓ.7〜終わり）	不安定な夫婦仲	いさかいは、いつもの〔シ　　〕でうやむやで終わってしまった。このようにはらはらすることばかりが多く、全く心の休まることがないのは〔ス　　〕ことだった。

語句・文法

知識・技能

1 次の語の意味を調べなさい。

- p.108 ℓ.1 ①はかなし〔　　〕
- ℓ.4 ②すなはち〔　　〕
- ③おどろおどろし〔　　〕
- ℓ.5 ④論なし〔　　〕
- ℓ.7 ⑤うたて〔　　〕
- ⑥ものぐるほし〔　　〕
- p.109 ℓ.3 ⑦ながむ〔　　〕
- ℓ.8 ⑧心ゆるび〔　　〕

2 「おしはからるれど、」（一〇八・6）を単語に分けるとどうなるか。次から選びなさい。

p.108 ℓ.6

ア おしはか・らるれ・ど
イ おしはからる・れ・ど
ウ おしはから・るれ・ど

〔　　〕

3 次の太字の「けり」「ける」「けれ」は、ア〜エのいずれにあたるか。それぞれ選びなさい。

- p.108 ℓ.3 ①出でに**ける**すなはち、〔　　〕
- ℓ.7 ②うたてものぐるほし**けれ**ば、〔　　〕
- p.109 ℓ.3 ③さながらあり**けり**。〔　　〕
- ℓ.5 ④水草ゐに**けり**〔　　〕
- ℓ.7 ⑤やみに**けり**。〔　　〕
- ℓ.8 ⑥わびしかり**ける**。〔　　〕

ア 形容詞活用語尾の一部
イ 過去の助動詞
ウ 詠嘆の助動詞
エ 動詞活用語尾＋助動詞

内容の理解　思考力・判断力・表現力

第一段落

1「我は今は来じとす。」（一〇八・3）とあるが、兼家のどのような気持ちを表しているか。次から選びなさい。

ア　もう二度と子供には会わないつもりだという決意を表す。
イ　作者への腹立ちまぎれの、子供に対する八つ当たりを表す。
ウ　もう子供とは会えなくなるだろうという寂しさを表す。

［　　］

2「人の聞かむもうたてものぐるほしければ、」（一〇八・6）について、次の問いに答えなさい。

(1)「人」とは、どのような人か。次から選びなさい。

ア　侍女
イ　兼家
ウ　世間の人

［　　］

(2)「うたてものぐるほしければ」とは、どのような意味か。口語訳しなさい。

［　　　　］

第二段落

3「例ならぬほどになりぬれば、」（一〇九・1）とあるが、何が「例ならぬほど」なのか。十二字以内で説明しなさい。　▼脚問1

4「たはぶれごととこそ我は思ひしか、」（一〇九・1）について、次の問いに答えなさい。

(1)何を「たはぶれごと」と思ったのか。該当する箇所を、本文中から十字以内で抜き出しなさい。（句読点は含まない）

(2)「思ひしか」のあとに、どのような言葉を補うと意味が明確になるか。次から選びなさい。

ア　だから
イ　そのうえ
ウ　けれども

［　　］

第二段落

5「はかなき仲なれば、かくてやむやうもありなむかしと思へば、」（一〇九・2）とあるが、「仲」とは具体的に何をさすか。十字以内で答えなさい。（句読点は含まない）

6「かたみの水は水草ゐにけり」（一〇九・5）とあるが、作者のどのような心情を表しているか。その心情を表す語を二つ、本文中から抜き出しなさい。

［　　］［　　］

全体

7 作者はこの出来事をどのように思っているか。次から選びなさい。

ア　夫婦げんかに幼い子供まで巻き添えにしたことを後悔し、深く反省している。
イ　不安ばかりが多く、気の休まる時がない夫婦仲をとてもつらく思っている。
ウ　冷えた夫婦仲は今となってはどうしようもないから、せめて世間から非難されないようにしようと思っている。

［　　］

8 作者はその日その日の状況や心理を、どのように記しているか。次から選びなさい。

ア　その日ごとに記している。
イ　その日ごとに記したり、あとでまとめて記したりしている。
ウ　あとでまとめて記している。

［　　］

紫式部日記（日本紀の御局）

教科書p.110〜p.111　検印

展開の把握　思考力・判断力・表現力

○次の空欄に適語を入れて、内容を整理しなさい。

第一段落（初め〜p.110 ℓ.2）	第二段落（p.110 ℓ.3〜p.110 ℓ.8）	第三段落（p.110 ℓ.9〜p.111 ℓ.3）	第四段落（p.111 ℓ.4〜終わり）
左衛門の内侍の陰口	「日本紀の御局」というあだ名	少女時代に見せた漢学の才	人前では慎んだ漢学の才
左衛門の内侍が、妙に私に〔ア　〕を抱いて、心あたりのないいやな〔イ　〕を言っていることをたびたび〔ウ　〕にした。	帝が『源氏物語』を人に読ませて聞いていたとき、「この人は〔エ　〕を読んでいるにちがいない。」と私の〔オ　〕をほめたのを聞いて、左衛門の内侍は、私がひどく〔カ　〕をひけらかしていると吹聴し、私に「日本紀の御局」という〔キ　〕をつけた。公の場所で、私が学識をひけらかすはずもないのに。	少女のころ、〔ク　〕を習う弟のそばで聞いていて、弟よりも早く覚えたので、学問に熱心な〔ケ　〕は、私が〔コ　〕だったらと、いつも嘆いた。	それでも私は、人前で〔サ　〕の才を見せることを厳に慎み、「〔シ　〕」という文字さえも書けない〔ス　〕をしていたのである。

語句・文法　知識・技能

1 次の語の意味を調べなさい。

p.110 ℓ.1 ①すずろなり〔　〕
ℓ.2 ②心憂し〔　〕
③しりうごと〔　〕
ℓ.4 ④才〔　〕
ℓ.9 ⑤書〔　〕
p.111 ℓ.1 ⑥さとし〔　〕

2 次の太字の係助詞の結びの語を、それぞれ抜き出し、終止形で答えなさい。

p.110 ℓ.4 ①日本紀をこそ読みたるべけれ。〔　〕〔　〕
ℓ.5 ②いみじうなむ才がる。〔　〕〔　〕
ℓ.6 ③日本紀の御局とぞつけたりける。〔　〕〔　〕
④いとをかしくぞ侍る。〔　〕〔　〕
p.111 ℓ.2 ⑤持たらぬこそ、幸ひなかりけれ。〔　〕〔　〕
ℓ.3 ⑥とぞ、常に嘆かれ侍りし。〔　〕〔　〕

3 次の太字の「にて」は、あとのア〜オのいずれにあたるか。それぞれ選びなさい。

p.110 ℓ.7 ①ふるさとの女の前にてだに〔　〕
②さる所にて才さかし出で侍らむよ。〔　〕
ℓ.9 ③童にて書読み侍りしとき、〔　〕
p.111 ℓ.2 ④男子にて持たらぬこそ、〔　〕

ア　断定の助動詞連用形＋接続助詞
イ　場所を表す格助詞
ウ　年齢を表す格助詞
エ　手段を表す格助詞
オ　資格を表す格助詞

内容の理解

思考力・判断力・表現力

第一段落

1 「あやしうすずろによからず思ひけるも、」（二〇・1）とあるが、これは誰が誰に対して思っていることか。それぞれ次から選びなさい。

ア 作者　イ 左衛門の内侍
ウ 殿上人　エ ふるさとの女

〔　　〕が〔　　〕に対して

2 「内の上の……聞こしめしけるに、」（二〇・3）とあるが、(ア)作者はその場に居合わせていた、(イ)居合わせていなかった、のいずれか。記号で答え、その根拠となる一語を本文中から抜き出しなさい。

記号〔　　〕根拠〔　　〕

第二段落

3 「ふと……言ひ散らして、」（二〇・5〜6）について、次の問いに答えなさい。

(1)「ふとおしはかりに」とは、どのような意味か。次から選びなさい。

ア いいかげんな当て推量で
イ 強引にでたらめばかり言って
ウ 無理やりにこじつけたりして

〔　　〕

(2)「いみじうなむ才がる」とは、どのような態度か。十五字以内で説明しなさい。

4 「さる所に……侍らむよ。」（二〇・7〜8）について、次の問いに答えなさい。

(1)「さる所にて」とあるが、「さる所」とはどのような所か。漢字二字で答えなさい。

▼脚問1

(2)「才さかし出で侍らむよ。」とあるが、作者は「才」について人前では具体的にどのような態度を取ったか。次から選びなさい。

第二段落

ア 『源氏物語』を書いた作者であることを、ひたすら隠した。
イ 華やかな殿上人たちを避け、漢文は読めないふりをした。
ウ 一という簡単な漢字さえ書かず、無学なふりをした。

〔　　〕

第三段落

5 「常に嘆かれ侍りし。」（二一・3）とあるが、なぜ親は嘆いたのか。その理由を二十五字以内で説明しなさい。

第四段落

6 「男だに、才がりぬる人は、いかにぞや。」（二一・4）とあるが、「才がりぬる人」はどのようになるというのか。次から選びなさい。

ア 評判となって立身出世をする。
イ 上流貴族社会の女性にとっての憧れの的になる。
ウ 派手には栄達しない。

〔　　〕

全体

7 新傾向 ある生徒が、この文章を読んで、左衛門の内侍の行為に対する作者の不快な思いを、理由とともに次のようにまとめた。空欄①・②に入る適当な言葉を、次の条件に従って書きなさい。

▼学習二

（条件）・空欄①・②のそれぞれに「学才」という言葉を使うこと。
・空欄①・②とも、三十字以内で書くこと。

作者は、〔　①　〕のに、左衛門の内侍に〔　②　〕ことが不快だった。

①

②

学習目標　自伝的日記を読み、そこに表現されている光景や作者の姿を捉える。

更級日記（門出）

教科書p.112〜p.113

検印

展開の把握

思考力・判断力・表現力

▼学習一

○次の空欄に適語を入れて、内容を整理しなさい。

全一段落（門出）	
（初め〜p.113 ℓ.3）	（p.113 ℓ.3〜終わり）
物語への憧れ	上京の門出
東海道の果ての〔ア　〕の国で成長した私は、今思えば、さぞ〔イ　〕だったであろうが、どのように思い始めたことなのか、〔ウ　〕に憧れ、手持ち無沙汰な〔エ　〕や夜の団欒《だんらん》のときに、姉や〔オ　〕などがところどころ語るのを聞くけれど、私が〔カ　〕とおりに話してくれることはできない。じれったいので、〔キ　〕の薬師仏を造って、人目を忍んで「早く〔ク　〕へ上らせて、〔ケ　〕をある限り見せてください。」と祈った。	十三歳のとき、長年の願いがかなって〔コ　〕することになった。九月三日に〔サ　〕して〔シ　〕に移る。長年〔ス　〕慣れていた所を、外からまる見えの状態に壊し散らかして、大騒ぎして、〔セ　〕の沈む間際で、一面に〔ソ　〕が立ちこめているときに、車に乗ろうとしてふと目をやると、人目を忍んでお参りした〔タ　〕が立っていらっしゃるのが見えて、見捨てて去ることが〔チ　〕て、人知れず泣いた。

語句・文法

知識・技能

1 次の語の意味を調べなさい。

- p.112 ℓ.2 ①あやし〔　〕
- ℓ.5 ②いとど〔　〕
- ③ゆかしさ〔　〕
- ℓ.7 ④心もとなし〔　〕
- p.113 ℓ.5 ⑤あらはなり〔　〕
- ℓ.6 ⑥すごし〔　〕
- ℓ.7 ⑦人ま〔　〕

2 次の太字の副詞「いかで」の説明として適当なものを、あとのア〜ウからそれぞれ選びなさい。

- p.112 ℓ.3 ①いかで見ばやと思ひつつ、〔　〕
- ℓ.6 ②いかでかおぼえ語らむ。〔　〕

ア　疑問「どうして」
イ　反語「どうして…か、いや、…ない」
ウ　手段・方法を求める「なんとかして」

3 次の太字の「なる」は、あとのア〜オのいずれにあたるか。それぞれ選びなさい。

- p.112 ℓ.2 ①物語といふもののあんなるを、〔　〕
- ℓ.3 ②つれづれなる昼間、〔　〕
- p.113 ℓ.1 ③物語の多く候ふなる、〔　〕
- ℓ.3 ④十三になる年、〔　〕

ア　ナリ活用形容動詞活用語尾
イ　四段活用動詞
ウ　断定の助動詞
エ　伝聞の助動詞
オ　推定の助動詞

内容の理解

全一段落　　思考力・判断力・表現力

1「あづま路の道の果てよりも、なほ奥つ方に生ひ出でたる人、」（二三・1）について、次の問いに答えなさい。

(1) この書き出しは、「あづま路の道の果てなる常陸帯のかごとばかりもあひみてしがな」（『古今六帖』）をふまえて書かれている。この歌に用いられている修辞技法の説明として正しいものを、次から選びなさい。

ア「あづま路の」は「道」にかかる枕詞である。

イ「あづま路の道の果てなる常陸帯の」は「かごと」の「かご」を導き出す序詞である。

ウ「あづま」「あひみ」は「帯」の縁語である。　〔　　〕

(2)「生ひ出でたる人」は、作者が自分自身を第三者的に叙述したものである。なぜ第三者的に叙述したのか。その理由として適当なものを、次から選びなさい。

ア　都の上流階級の娘であることを隠して書くのが奥ゆかしいと考えたから。
イ　この日記を書く時点から見て、少女時代の作者が別人のように懐かしく思われたから。
ウ　上総の国に生まれ育った少女であるから、上総の国の少女らしく正直に書いたから。　〔　　〕

(3) また、作者自身を第三者的に叙述したことをよく表している助動詞が、「……いかでかおぼえ語らむ。」（二三・1〜7）までの一文の中に二つある。その二つの助動詞を抜き出しなさい。

〔　　〕〔　　〕

2「いかばかりかはあやしかりけむを、」（二三・1）とあるが、どのような意味か。適当なものを、次から選びなさい。　▼脚問1

ア　どんなにかまあ、みすぼらしく田舎くさかったことであろうに。
イ　それほどまあ、自分で見当がつかないくらい妙なことを考えていたのだが。
ウ　なんでまあ、田舎者が物語を読んだからといって、けしからぬことがあるはずもないのに。　〔　　〕

全一段落

3「その物語、かの物語、」（二三・4）とあるが、この場合考えられるのはどのような物語か。次から二つ選びなさい。

ア　雨月物語　　イ　平家物語
ウ　宇津保物語　　エ　落窪物語
オ　宇治拾遺物語　　〔　　〕〔　　〕

4「ところどころ語るを聞くに、いとどゆかしさまされど、」（二三・5）について、次の問いに答えなさい。　▼学習二

(1)「いとどゆかしさまされど」の意味として適当なものを、次から選びなさい。

ア　とても聞きたいという気持ちに目覚めるのだが
イ　だんだん奥ゆかしい気分になってしまうが
ウ　ますます知りたいという思いが高まるのだが　〔　　〕

(2) 物語を読みたいという作者の思いつめたいちずな気持ちが、どのような行動になって表れているか。その行動を表す叙述を、本文中から十五字以内で抜き出しなさい。（句読点を含む）

5 慣れ親しんだ家を出て門出をする作者の目にとまった、最も印象的な光景は何であったか。本文中から二十五字以内で抜き出しなさい。（句読点を含む）

学習目標　自伝的日記を読み、少女時代の自分を客観的に見つめた作者像を捉える。

更級日記（源氏の五十余巻）

教科書p.114〜p.116

検印

展開の把握

思考力・判断力・表現力　▼学習一

○次の空欄に適語を入れて、内容を整理しなさい。

第一段落（熱望）（初め〜p.114 ℓ.11）		第一段落（実現）（p.114 ℓ.11〜p.115 ℓ.4）	第二段落（耽読）（p.115 ℓ.5〜p.115 ℓ.9）	第二段落（耽読）（p.115 ℓ.9〜終わり）
母の心遣い	太秦参籠	おばからの贈り物	歓喜と耽読	夕顔や浮舟への憧れ
ふさぎこむ私に〔ア　〕が物語を求めてくれるので自然と気は紛れる。しかし、『〔イ　〕』を読みたい気持ちはますますつのるばかりである。	〔ウ　〕に参籠した折にも、このことばかりを祈った。寺から出るとすぐにこの物語を読み終えたいと思ったが、読むことはかなわない。	〔エ　〕の家を訪ねた折、思いがけず『源氏物語』全巻とその他の物語を〔オ　〕いっぱいもらった。帰り道〔カ　〕は天にも昇る思いであった。	わずかしか読めずもどかしく思っていた『源氏物語』を、一人〔キ　〕の奥で読みふける気持ちは、〔ク　〕の位も比べものにならないほどである。	夢に僧が現れ、「『〔ケ　〕』五の巻を早く習え。」と言うが、気にもとめず、『源氏物語』の登場人物の〔コ　〕や〔サ　〕のようになりたいと夢見ていたが、今思うとたわいなく、あきれたことである。

語句・文法

知識・技能

1 次の語の意味を調べなさい。

① 思ひくんず（p.114 ℓ.1）〔　　〕
② ことごと（ℓ.9）〔　　〕
③ うつくし（ℓ.12）〔　　〕
④ まめまめし（ℓ.13）〔　　〕
⑤ まさなし（p.115 ℓ.1）〔　　〕
⑥ 日暮らし（ℓ.7）〔　　〕
⑦ かたち（ℓ.12）〔　　〕
⑧ はかなし（ℓ.14）〔　　〕

2 次の太字の係助詞「ぞ」「こそ」の結びの語を抜き出し、終止形で答えなさい。

① うれしさぞいみじきや。（p.115 ℓ.3）〔　　〕
② 女君のやうにこそあらめ、（ℓ.14）〔　　〕

3 次の太字の助動詞の意味は、あとのア〜エのいずれにあたるか。それぞれ選びなさい。

① 太秦に籠り給へるにも、（p.114 ℓ.9）〔　　〕
② 思ひ嘆かるるに、（ℓ.11）〔　　〕
③ まさなかりなむ。（p.115 ℓ.1）〔　　〕
④ ゆかしくし給ふなるもの〔　　〕

ア　強意　イ　自発　ウ　伝聞　エ　存続

4 次の太字の格助詞「の」の意味は、あとのア〜ウのいずれにあたるか。それぞれ選びなさい。

① をばなる人の、田舎より上りたる（p.114 ℓ.11）〔　　〕
② 清げなる僧の、……袈裟着たるが（p.115 ℓ.9）〔　　〕
③ 物語のことをのみ心にしめて、（ℓ.11）〔　　〕

ア　主格　イ　連体修飾格　ウ　同格

内容の理解

思考力・判断力・表現力

第一段落

1 「このことを申して、」（二四・10）とあるが、「このこと」とは、何をさすか。二十字以内の現代語で答えなさい。 ▼脚問1

〔　〕

2 「まめまめしきものは、まさなかりなむ。」（二四・13）とは、どのような意味か。次から選びなさい。

ア　あまりきまじめなものは、全くあなたには不向きでしょう。
イ　実用的なものは、きっとあなたにはつまらないでしょう。
ウ　信仰的なものは、おそらくあなたには難しいでしょう。　〔　〕

3 「心も得ず、心もとなく思ふ」（二五・5）とあるが、「心もとなく思」ったのはなぜか。次から選びなさい。

ア　今まで部分的に読みかじり、話の筋もよくわからなかったから。
イ　幼い少女の教養では読むことが難しく感じられたから。
ウ　『源氏物語』全巻は読みきれそうには思えなかったから。　〔　〕

第二段落

4 「おのづからなどは、そらにおぼえうかぶ」（二五・8）とは、どういうことか。次から選びなさい。

ア　自分自身が、物語の主人公になりきってしまうこと。
イ　自然と、文字を見ないでも物語のさまが思い浮かぶこと。
ウ　いつのまにか現実を忘れ、空想の世界をかけめぐること。　〔　〕

5 「我はこのごろわろきぞかし、」（二五・12）とあるが、何がよくないというのか。次から選びなさい。

ア　経済状態　イ　信仰　ウ　器量　〔　〕

6 「まづいとはかなく、あさまし。」（二五・14）と、日記を執筆したときに反省しているが、少女時代のどのようなことについての反省か。三十字以内で説明しなさい。

〔　〕

全体

7 新傾向　この文章について、ある生徒が次のような文章を書いた。これを読んで、あとの問いに答えなさい。

『源氏物語』にまつわる作者の心情が印象深い。「[A]」からは、『源氏物語』を手に入れたときの少女らしい心の躍動が伝わる。また、「[B]」には『源氏物語』を心ゆくまで読みふけることができた歓喜が端的に表現されていると感じた。しかし、晩年の作者は物語への憧れもむなしいものと知り、仏教への信仰を深めていく。[C]は、そうした作者の志向（運命）を暗示し、その伏線になっていると思われる。

(1) 空欄Aに入る一語を、本文中から抜き出しなさい。　〔　〕

(2) 空欄Bに入る言葉を、本文中から十字以内で抜き出しなさい。　〔　〕

(3) 空欄Cに入る内容を、現代語で簡潔に書きなさい。　〔　〕

8 本文の内容に合致するものを、次から選びなさい。

ア　夢多き少女時代を過ごした作者は、多くの物語を読破することにより、徐々に社会に目を開いていった。
イ　長年求め続けた物語を手に入れた作者は、物語の世界に没頭し、その中の登場人物に憧れた。
ウ　物語中の理想の男性の出現を心に描きつつ、信仰の世界に精神の平安を見いだすようになった。　〔　〕

平家物語（忠度の都落ち）

教科書p.120〜p.123

検印

展開の把握

思考力・判断力・表現力

○次の空欄に適語を入れて、内容を整理しなさい。

第一段落 （発端） （初め〜p.121 ℓ.2）	第二段落 （展開） （p.121 ℓ.3〜p.121 ℓ.15）	第三段落 （最高潮） （p.122 ℓ.1〜p.122 ℓ.15）	第四段落 （結末） （p.123 ℓ.1〜終わり）
落人忠度引き返す	勅撰集への入集を俊成に願う	辞する忠度、見送る俊成	忠度の歌一首勅撰集に入集
薩摩守忠度は、〔ア　〕の途中から引き返し、〔イ　〕の師俊成を訪ねた。〔ウ　〕が帰って来たと騒然とする邸の人々を制し、俊成は〔エ　〕を開けて対面した。	忠度は、生涯の面目に一首だけでも〔オ　〕に入集させてほしいと述べて、〔カ　〕の歌を記した〔キ　〕を俊成に託した。	俊成は、その〔ク　〕の心に深く感動して受け取る。忠度はもはや思い残すことはないと、西へ〔ケ　〕を歩ませ、高らかに〔コ　〕を吟じつつ別れ去る。俊成は涙ながらに見送る。	その後、〔サ　〕が滅び、世の中が静まって、『〔シ　〕』を撰進するにあたり、俊成は忠度との生前の約束を果たし、ふさわしい歌はいくらもあったが、「〔ス　〕」と題する歌一首を「〔セ　〕」として入集させた。

語句・文法

知識・技能

1 次の語の意味を調べなさい。

p.121 ℓ.3　① おろかなり　〔　〕
p.121 ℓ.8　② やがて　〔　〕
p.122 ℓ.3　③ ゆめゆめ　〔　〕
p.122 ℓ.5　④ 情け　〔　〕
p.122 ℓ.14　⑤ いとど　〔　〕

2 「遠き御守りで」（三・12）とあるが、「で」は中世の口語である。どのような言葉が転じたものか。次から選びなさい。

p.121 ℓ.12
ア にて　イ して　ウ とて　〔　〕

3 「西海の波の底に沈まば沈め、山野にかばねをさらさばさらせ。」（三・8）の「沈め」「さらせ」は、どのような用法か。次から選びなさい。

p.122 ℓ.8
ア 副詞法　イ 中止法　ウ 放任法　〔　〕

4 次の太字の助動詞の意味は、あとのア〜キのいずれにあたるか。それぞれ選びなさい。

p.120 ℓ.5　① 三位殿に申す**べき**ことあつて、　〔　〕
p.121 ℓ.1　② その人ならば苦しかる**まじ**。　〔　〕
p.121 ℓ.7　③ 撰集のある**べき**よし承り候ひしかば、　〔　〕
p.121 ℓ.10　④ さりぬ**べき**もの候はば、　〔　〕
p.122 ℓ.3　⑤ ゆめゆめ疎略を存ず**まじう**候ふ。　〔　〕
p.122 ℓ.4　⑥ 御疑ひある**べから**ず。　〔　〕

ア 打消推量　イ 打消意志　ウ 適当
エ 予定　オ 命令　カ 意志　キ 可能

内容の理解

思考力・判断力・表現力

第一段落

1 「わが身ともに七騎取って返し、五条の三位俊成卿の宿所におはして見給へば、」（三〇・1）とあるが、いったん都落ちした忠度が俊成の邸に引き返してきたのは何のためであったか。その目的を三十字以内で説明しなさい。

2 「ことの体、何となうあはれなり。」（三一・2）とは、どのような意味か。次から選びなさい。

ア 落人忠度の姿は、なんとも言えずあわれである。
イ 俊成邸の人々の応対は、忠度に対して実に気の毒である。
ウ その対面の様子は、すべてが感慨深いものである。
［　　］

第三段落

3 「情けもすぐれて深う、あはれもことに思ひ知られて、感涙おさへがたう候へ。」（三三・5）について、次の問いに答えなさい。

(1) 「情けもすぐれて深う、」とあるが、「情け」とはどのような意味か。次から選びなさい。

ア 人情　イ 風流　ウ 義理　［　　］

(2) 「あはれもことに思ひ知られて、」とあるが、「あはれ」の内容はどのようなものか。次から選びなさい。

ア 忠度の歌道への執心に対する深い感動。
イ 明日の命さえわからない落人忠度に対するあわれみ。
ウ 栄枯盛衰、人生の無常についての感慨。
［　　］

4 「前途ほど遠し、思ひを雁山の夕べの雲に馳す。」（三三・13）は、あとに「後会期《ご》遥かなり、纓《えい》を鴻臚《かうろ》の暁の涙に霑《うるほ》す。」という句が続く。

(1) 忠度がこの詩の一節を吟詠したのは、どのようなことが言いたかったからか。詩の中から、忠度の真意を表している一句を抜き出しなさい。

［　　］

第三段落

(2) また、吟詠する忠度の心境は、どのようなものと思われるか。次から選びなさい。

ア 都落ちの今は、どうとでもなれという心境。
イ 没落していく平家に対する深い悲しみの心境。
ウ 思い残すことのない晴れ晴れとした心境。
［　　］

第四段落

5 「さざなみや」（三三・6）の歌について、次の問いに答えなさい。

(1) この歌には、二つの修辞技法が用いられている。枕詞以外の修辞技法に該当する箇所を抜き出し、修辞技法の名称を答えなさい。　▼脚問3

［　　］　名称［　　］

(2) この歌は、二つの事柄を対比しながら、作者の感慨を歌っている。自然は昔のままで変わらないという感慨と対比されているのは、どのような感慨か。解答欄に十字以内の言葉を埋める形で答えなさい。

［　　］という感慨

全体

6 忠度はすぐれた歌人でありながら、平家の一員として朝敵となったため、その多くの秀歌のうちわずか一首だけが、それも名を明らかにしえずに、『千載集』に入集した。このことについて、作者はどのように評しているか。その評語を本文中から一語で抜き出し、作者の心情を漢字二字で答えなさい。　▼学習三

評語［　　］　心情［　　］

学習目標　軍記物語を読んで、表現の特徴や登場人物の行動、考えなどを捉える。

平家物語（能登殿の最期）

教科書 p.124〜p.127

検印

展開の把握

思考力・判断力・表現力

○次の空欄に適語を入れて、内容を整理しなさい。

第一段落（初め〜 p.125 ℓ.15）		第二段落（p.126 ℓ.1 〜 終わり）	
（発端）	（展開①）	（展開②）	（結末）
大奮戦	目ざす義経を取り逃がす	剛勇無双	教経の最期
能登守教経は、〔ア　〕を射尽くして、今日を〔イ　〕と大太刀・長刀を振り回して戦うと、〔ウ　〕と向かって立ち向かう者はいなかった。	知盛がそれを見て、むだな〔エ　〕をやめなさいと言い送ると、教経は大将を討てということだと受け取って〔オ　〕を追うが、うまく逃げられてしまう。今はこれまでと、物の具を投げ捨てて〔カ　〕になり、〔キ　〕を広げて我を捕らえよと叫ぶが、寄る者はいなかった。	土佐の国安芸の郷の領主の子、安芸太郎実光という〔ク　〕の者が、〔ケ　〕と弟次郎の三人がかりで、教経の舟に乗り移り、〔コ　〕を抜いていっせいに討ってかかった。	教経は最初に郎等を〔サ　〕に蹴落とし、実光と弟次郎を両の〔シ　〕にはさんで、死出の旅路の供をせよと、もろともに海に飛び込み、生年〔ス　〕で果てたのであった。

語句・文法

知識・技能

1 次の語句の意味を調べなさい。

① さりとて（p.124 ℓ.13）〔　〕
② 物の具（p.125 ℓ.3）〔　〕
③ 猛し（p.126 ℓ.4）〔　〕
④ 弓手（ℓ.15）〔　〕
⑤ 馬手（p.127 ℓ.1）〔　〕
⑥ 死途の山（ℓ.2）〔　〕

2 次の太字の語の音便名を、あとのア〜エからそれぞれ選び、もとの形に書き改めなさい。

① をめき叫んで（p.125 ℓ.2）〔　・　〕
② 退いたりけるに、（ℓ.7）〔　・　〕
③ あたりをはらつてぞ（ℓ.11）〔　・　〕
④ 猛うましますとも、（p.126 ℓ.4）〔　・　〕

ア イ音便　イ ウ音便　ウ 撥音便　エ 促音便

3 次の太字の助動詞の意味は、あとのア〜クのいずれにあたるか。それぞれ選びなさい。

① 多くの者ども討たれにけり。（p.124 ℓ.10）〔　〕
② 能登殿には組まれず。（p.125 ℓ.5）〔　〕
③ 我と思はん者どもは、（ℓ.12）〔　〕
④ ものひとこと言はんと思ふぞ。（ℓ.14）〔　〕
⑤ 我ら三人とりついたらんに、（p.126 ℓ.5）〔　〕
⑥ などか従へざるべき。〔　〕
⑦ 進んだる安芸太郎が郎等を、（ℓ.12）〔　〕

ア 推量　イ 意志　ウ 仮定　エ 婉曲　オ 受身　カ 尊敬　キ 過去　ク 完了

内容の理解

第一段落

1 「能登守教経の矢先にまはる者こそなかりけれ。」（三四・1）とあるが、それはなぜか。その理由を二十字以内で説明しなさい。 思考力・判断力・表現力

〔　　　　　　　　　　　　　　　　　　　　〕

2 「新中納言、……のたまひければ、」（三四・11〜三五・1）について、次の問いに答えなさい。

(1)「さりとて、よき敵か。」とは、どのような意味か。次から選びなさい。

ア　そんなに暴れ回ったとしても、よい相手ではあるまいに。
イ　逃げて行くようでは、ふさわしい敵とはいえないであろうに。
ウ　なんと、よい相手ではあるまいか。　〔　　〕

(2)「のたまひければ」とあるが、①知盛は教経にどのようなことを言ったのか。また、②教経は知盛の言葉をどのように受け取ったのか。それぞれ次から選びなさい。 ▼学習一

ア　敵の舟を奪い取れ。　イ　敵の大将義経を討ち取れ。
ウ　無益な殺生をやめよ。　エ　この場を一刻も早く逃れろ。
オ　平家の大将として御身を大事にせよ。　①〔　　〕②〔　　〕

3 「判官も先に心得て、」（三五・4）とあるが、義経は何を「心得」ていたのか。次から選びなさい。

ア　平家に伝わっている兵法。
イ　源氏に有利となっている戦いのなりゆき。
ウ　教経が自分と組み討ちしようとして追いかけていること。　〔　　〕

4 「ゆらりと飛び乗り給ひぬ。」（三五・8）とあるが、「ゆらりと」は「ひらりと」の意で、身軽に体を動かす様子を表している。これと同じく、物事の様子・格好などの感じを音にたとえて描写する擬態語が、本文中に二箇所ある。それぞれ抜き出しなさい。

〔　　　〕〔　　　〕

第一段落

5 「大童になり、大手を広げて立たれたり。」（三五・11）、「寄る者一人もなかりけり。」（三五・15）とある。このときの教経の形相はどのようなものであったと思われるか。本文中の一語で答えなさい。　〔　　　〕

第二段落

6 新傾向 第二段落（三六・1〜終わり）にある教経の戦いを次のようにまとめた。空欄に入る言葉をあとから選びなさい。ただし、同じ番号には同じ記号が入る。

はじめに　〔①〕×〔②〕→海へ蹴り入れる。
次に　〔①〕（右脇）〔③〕（左脇）〔④〕→ともに海に飛び込む。

ア　教経　イ　安芸太郎　ウ　安芸次郎　エ　安芸太郎の家来

①〔　　〕②〔　　〕③〔　　〕④〔　　〕

全体

7 「恐ろしなんどもおろかなり。」（三五・12）は、「恐ろしいなどというどころではない。」という意味で、作者の感想を述べている。『平家物語』は語り物であるから文の途中に感想などをはさむ挿入句が多く、本文中にも四箇所に用いられている。その一番めと三番めの挿入句を順に抜き出し、それぞれ初めと終わりの三字で答えなさい。（句読点は含まない）

〔　　　〕〜〔　　　〕
〔　　　〕〜〔　　　〕

無名草子（清少納言・紫式部）

教科書 p.130～p.133

検印

展開の把握

思考力・判断力・表現力

○次の空欄に適語を入れて、内容を整理しなさい。

〔清少納言〕

段落	主題	内容
	主題	成り上がった人がそのままであった例は珍しい。
第一段落（初め～p.130 ℓ.6）	清少納言の事績	清少納言が皇后〔ア〕に仕え、高く評価されたことが『〔イ〕』に述べてある。
第二段落（p.130 ℓ.7～p.131 ℓ.1）	清少納言の歌才	歌人清原〔ウ〕の子にしては〔エ〕は得意でなく、〔オ〕集の入集も少ない。
第三段落（p.131 ℓ.2～p.131 ℓ.11）	著作態度と晩年	定子の全盛については詳述しながら、中の関白家の〔カ〕には触れず、晩年は〔キ〕であった。

〔紫式部〕

段落	主題	内容
第一段落（初め～p.132 ℓ.9）	『源氏物語』の成立時期	『源氏物語』は、〔ク〕の要請を受けて紫式部が書いたという説と、〔ケ〕前に書いたという説があるが、いずれが〔コ〕か。
第二段落（p.132 ℓ.9～終わり）	日記の引用による論証	出仕当初の紫式部は、立派で〔サ〕にくい人と同僚の女房に思われていたが、〔シ〕していて意外に思われたと、日記に記している。

語句・文法

知識・技能

1 次の語の意味を調べなさい。

① ありがたし（p.130 ℓ.1）〔　〕
② しる（ℓ.3）〔　〕
③ 時めく（ℓ.4）〔　〕
④ かけても（p.131 ℓ.6）〔　〕
⑤ はかばかし（ℓ.7）〔　〕
⑥ ようが〔　〕
⑦ あやし（ℓ.10）〔　〕
⑧ 繰り言（p.132 ℓ.1）〔　〕
⑨ はづかし（ℓ.10）〔　〕
⑩ 心にくし〔　〕
⑪ かたほなり（ℓ.11）〔　〕

2 次の太字の敬語の品詞と敬語の種類は、あとのア～オのいずれにあたるか。それぞれ選びなさい。

① **候ひ**給ひて、（p.130 ℓ.4）〔　・　〕
② 関白殿失せ**給ひ**、（p.131 ℓ.5）〔　・　〕
③ 物語や**候ふ**。（p.132 ℓ.2）〔　・　〕
④ 尋ね**参らせ**給へりけるに、〔　・　〕
⑤ 紫式部を**召し**て、（ℓ.3）〔　・　〕
⑥ 何か**侍る**べき。（ℓ.4）〔　・　〕
⑦ 作りて**参らせ**給へかし。〔　・　〕
⑧ **仰せ**られけるを、**承り**て、（ℓ.5）〔　・　〕
⑨ まことにて**侍ら**む。（ℓ.9）〔　・　〕
⑩ **参り**ける初めばかり、〔　・　〕

ア　動詞　　イ　補助動詞
ウ　尊敬語　　エ　謙譲語　　オ　丁寧語

内容の理解　思考力・判断力・表現力

〔清少納言〕

第二段落

1「さばかりなりけるほどよりは、」（二三〇・7）とは、どのような意味か。次から選びなさい。

ア　定子に寵愛されたにしては
イ　『枕草子』の作者にしては
ウ　有名な歌人の娘であったにしては　〔　　〕

2「みづからも思ひ知りて、申し請ひて、さやうのことには、まじり侍らざりけるにや。」（二三〇・9）について、次の問いに答えなさい。

(1)「思ひ知りて」とあるが、何を「思ひ知」っていたのか。十字以内で答えなさい。（句読点を含む）

(2)「さやうのこと」とは、どのようなことか。十字以内で答えなさい。（句読点を含む）

全体

3 この文章で作者が述べたかったことはどのようなことか。次から選びなさい。

ア　皇后定子に寵愛され、『枕草子』という美的世界を創造した清少納言の才能を賛美しながらも、晩年には零落したことから、長い人生を平穏に全うすることの難しさ。
イ　皇后定子との美しい主従関係を成立させ、宮廷生活を見事に描いた清少納言の才能を賛美しながらも、晩年には仏門に入り、過去の生活を回想することによってのみ生きていく王朝女性のあわれさ。
ウ　散文作家としての才能に恵まれた女性が、王朝文化の諸相を見事に描きながらも、和歌の方面で活躍しなかったために、やがて主人から見放されてしまうという宮仕えの難しさ。　〔　　〕

〔紫式部〕

第一段落

4「尽きもせずうらやましく、めでたく侍る」（二三一・2）とされている事柄は、何か。次から選びなさい。

ア　紫式部が大斎院に華やかにお仕え申し上げたこと。
イ　紫式部という名がつけられたこと。
ウ　『源氏物語』を創作したこと。　〔　　〕

5「『作れ。』と仰せられけるを、承りて、」（二三一・5）とあるが、①「仰せられける」、②「承りて」の動作主は誰か。それぞれ主語を答えなさい。

①〔　　〕　②〔　　〕

第二段落

6「おのおの思へりける」（二三一・11）とあるが、「おのおの」とはどのような人々をさすか。次から選びなさい。

ア　同僚たち
イ　実家の侍女たち
ウ　家族たち　〔　　〕

7「ほけづき、かたほにて、一文字をだに引かぬさまなりければ、」（二三一・11）は、『紫式部日記』によると、紫式部がわざとそのような態度をしていたとある。「一文字をだに引かぬさま」とは、自分をどのような者に見せかけようとしたのか。十五字以内で答えなさい。（句読点を含む）

全体

8 本文から紫式部のどのような性格が読み取れるか。次から選びなさい。　▼学習三

ア　自分の力を他人に及ぼそうとする支配的な性格。
イ　自分の能力をひけらかすことのない控えめな性格。
ウ　他人を驚かすために自己の才能を隠すいたずら好きな性格。　〔　　〕

学習目標　名歌に関する評論を読み、そこに記された和歌の評価基準を理解する。

無名抄（深草の里）

教科書p.134〜p.135

検印

展開の把握　思考力・判断力・表現力

○次の空欄に適語を入れて、内容を整理しなさい。

第一段落（初め〜p.135 ℓ.2）	第二段落（p.135 ℓ.2〜p.135 ℓ.7）	第三段落（p.135 ℓ.7〜終わり）
俊成の代表作に関する俊恵の質疑	俊成自賛歌への俊恵の批判	俊恵の代表作
俊恵が俊成に〔ア　〕を尋ねたところ、俊成は「〔イ　〕」の歌をあげた。俊恵は「〔ウ　〕」の歌のほうが〔エ　〕が高いがと尋ねると、俊成は、ほかではそのように決めているのでしょうが、「〔オ　〕」の歌が〔カ　〕にならないぐらいよいということであった。	しかし、俊恵はあの「〔キ　〕」の歌は、「〔ク　〕」という第三句が惜しまれると言う。これほどの秀歌は〔ケ　〕描写で心を伝えればよいのに、〔コ　〕なところを〔サ　〕的に露骨に〔シ　〕で表しているから、ひどく〔ス　〕の浅いものになってしまったのである。	俊恵は自分の歌の中では、「〔セ　〕」の歌がよいと思っているので、死後に〔ソ　〕がわからなくなったら、俊恵がこう〔タ　〕していたと伝えなさいと言った。

語句・文法　知識・技能

1 次の語句の意味を調べなさい。

- ①夕さる　p.134 ℓ.5〔　〕
- ②面影　ℓ.8〔　〕
- ③いさ　ℓ.9〔　〕
- ④そらなり　p.135 ℓ.4〔　〕
- ⑤心にくし　ℓ.5〔　〕
- ⑥詮　ℓ.6〔　〕
- ⑦おぼつかなし　ℓ.9〔　〕

2 次の太字の敬語の活用の種類・活用形・敬語の種類は、あとのア〜サのいずれにあたるか。それぞれ選びなさい。

- ①思ひ給ふる。　p.134 ℓ.6〔　・　・　〕
- ②知り給へず。　p.135 ℓ.1〔　・　・　〕
- ③思う給ふる。　ℓ.9〔　・　・　〕
- ④語り給へ。　ℓ.10〔　・　・　〕

ア　四段活用　イ　下二段活用
ウ　未然形　エ　連用形　オ　終止形
カ　連体形　キ　已然形　ク　命令形
ケ　尊敬語　コ　謙譲語　サ　丁寧語

3 次の太字の「なり」は、あとのア〜エのいずれにあたるか。それぞれ選びなさい。

- ①うづら鳴くなり深草の里　p.134 ℓ.5〔　〕
- ②無念におぼゆるなり。　p.135 ℓ.3〔　〕
- ③これほどになりぬる歌は、　ℓ.4〔　〕

ア　動詞　イ　形容動詞活用語尾
ウ　断定の助動詞　エ　推定の助動詞

内容の理解

思考力・判断力・表現力

第一段落

1 「御詠の中には、いづれをかすぐれたりとおぼす。」（一三四・1）について、次の問いに答えなさい。

(1)「夕されば」（一三四・5）の歌から受ける感じは、どのようなものか。適当なものを、次から選びなさい。

ア　崇高美　イ　静寂美　ウ　艶麗美　〔　　〕

(2)「面影に」（一三四・8）の歌の題として適当なものを、次から選びなさい。

ア　遠尋山花（遠ク山花ヲ尋ヌ）

イ　行路尋花（路ヲ行キテ花ヲ尋ヌ）

ウ　望山待花（山ヲ望ンデ花ヲ待ツ）　〔　　〕

(3)前問(2)で「面影に」の歌の題として選んだ理由を、三十字以内で説明しなさい。

(4)俊恵が俊成に質問したとき、どのような答えを予期していたと考えられるか。適当なものを、次から選びなさい。

ア「夕されば」の歌をあげるであろう。

イ「面影に」の歌をあげるであろう。

ウ「夕されば」「面影に」以外の歌をあげるであろう。　〔　　〕

第二段落

2 「腰の句」（一三五・3）とあるが、どのような句か。適当なものを次から選びなさい。

ア　腰の浮いた感じの軽薄な句

イ　重々しすぎる表現の句

ウ　和歌の第三句　〔　　〕

3 「かのたぐひ」（一三五・9）は、何をさすか。適当なものを、次から選びなさい。 ▼脚問1

ア　叙情的な歌の部類

イ　叙景的な歌の部類

ウ　代表的な歌の部類　〔　　〕

第三段落

4 「かくこそ言ひしか。」（一三五・10）とあるが、どのような意味か。次から選びなさい。

ア　俊恵が、「み吉野の」の歌を自分の代表作と言っていたということ。

イ　俊恵が、「み吉野の」の歌にも、「夕されば」の歌や「面影に」の歌と同様に欠点があると言っていたということ。

ウ　五条三位入道が、「み吉野の」の歌を自分の代表作と言っていたということ。　〔　　〕

全体

5 本文中の三首の歌について、本文中で示されているそれぞれの特色を考えて、該当する批評を次から選びなさい。

ア　優艶な幻想美の世界を示すため、主観を濃く表している。

イ　主観を示さず、優雅な幻想美の世界を描き出している。

ウ　主観を示さず、蕭条《しょうじょう》とした叙景の言外に深い情趣を見せている。

エ　情景・心情がともに細かく描写され、明快な情趣を表している。

オ　蕭条とした時間・空間の美の中に、主情を示す一句が挿入されている。

夕されば〔　　〕　面影に〔　　〕　み吉野の〔　　〕

6 この文章で俊恵が述べていることの趣意は、どのようなことか。適当なものを、次から選びなさい。 ▼学習二

ア　すぐれた歌とは、優美であり、奥ゆかしさの感じられるものでなければならない。

イ　高い心境を表現した歌には、作者の主観的感情はむしろ隠されている。

ウ　どんなに内容が深かろうと、表現の焦点が明確でないと、すぐれた歌にならない。　〔　　〕

学習目標　『徒然草』の一節を批判する評論を読んで、作者の論理を理解する。

玉勝間（兼好法師が詞のあげつらひ）

教科書 p.136～p.137

検印

展開の把握　思考力・判断力・表現力

○次の空欄に適語を入れて、内容を整理しなさい。

第一段落（初め～ p.136 ℓ.2）	第二段落（p.136 ℓ.3 ～ p.137 ℓ.2）	第三段落（p.137 ℓ.3 ～ 終わり）
兼好の風流観に対する問題提起	兼好への批判	宣長の見解
兼好法師が『〔ア　　〕』の中で、「桜の花は〔イ　　〕の状態だけを、〔ウ　　〕は曇りのない状態だけを〔エ　　〕するものではない。」と述べているが、これはどうかと思われる。	昔の歌に、桜の花を散らす〔オ　　〕を嘆き、月を隠す〔カ　　〕をいとう歌が多く、〔キ　　〕が深い歌もそういう歌に多いのは、〔ク　　〕の花や曇りなき月を願う心が〔ケ　　〕だから、そうもありえないことを嘆くのである。だから、兼好の言葉は人間本来の〔コ　　〕に反した、後世の〔サ　　〕ぶった心から生まれた、にせの〔シ　　〕である。	総じて、すべての人の〔ス　　〕心持ちに反することを〔セ　　〕とするのは、作為が多い。〔ソ　　〕に逢わないのを嘆く歌に〔タ　　〕が深いのは、逢うことを強く願うからである。わびしく悲しいのを〔チ　　〕があるといって願ったりするのは、人の〔ツ　　〕ではない。

語句・文法　知識・技能

1 次の語の意味を調べなさい。

①くまなし（p.136 ℓ.1）〔　　〕
②かこつ（ℓ.4）〔　　〕
③いとふ〔　　〕
④心づくし〔　　〕
⑤心深し（ℓ.5）〔　　〕
⑥せちなり（ℓ.6）〔　　〕
⑦さかふ（ℓ.9）〔　　〕
⑧みやび（p.137 ℓ.1）〔　　〕
⑨逢ふ（ℓ.4）〔　　〕

2 次の太字の「なる」のうち、「花は盛りなる」（一三六・3）の「なる」と文法的に同じものには○、異なるものには×をつけなさい。

①思ふ心のせち**なる**からこそ、（p.136 ℓ.6）〔　　〕
②言へるごとく**なる**は、（ℓ.8）〔　　〕
③あはれ**なる**は多きぞかし。（p.137 ℓ.8）〔　　〕

3 次の太字の語の活用形は、あとのア～カのいずれにあたるか。それぞれ選びなさい。

①よめるぞ**多く**て、（p.136 ℓ.5）〔　　〕
②さる歌に**多かる**は、〔　　〕
③このたぐひ**多し**。（p.137 ℓ.1）〔　　〕
④つくりことぞ**多かり**ける。（ℓ.3）〔　　〕
⑤嘆く歌のみ**多く**して、（ℓ.4）〔　　〕
⑥あはれなるは**多き**ぞかし。（ℓ.8）〔　　〕

ア 未然形　イ 連用形　ウ 終止形
エ 連体形　オ 已然形　カ 命令形

内容の理解

思考力・判断力・表現力

第一段落

1 「『花は盛りに、月はくまなきをのみ見るものかは。』とか言へるは、いかにぞや。」（一三六・1）について、次の問いに答えなさい。

(1)「花は盛りに、月はくまなきをのみ見るものかは。」とは、どのような意味か。次から選びなさい。

ア　桜の花が満開の状態の時には、月はかげったところのない状態だけを称美するものであろうか、そうではない。

イ　桜の花は満開の状態だけを、月はかげったところのない状態だけを称美するものであろうか、そうではない。

ウ　桜の花は満開の状態だけを、月はかげったところのない状態だけを称美するべきものなのだ。

〔　　〕

(2)「いかにぞや。」とあるが、作者は兼好法師の言葉をどのように思っているか。次の空欄にあてはまる言葉を二字で答えなさい。

作者は兼好法師の言葉を〔　　〕している。

第二段落

2 「心深きもことにさる歌に多かるは、」（一三六・5）とあるが、「さる歌」とはどのような歌か。本文中から該当する箇所を抜き出し、初めと終わりの四字で答えなさい。

～

3 「さもえあらぬ」（一三六・7）とは、どうすることができないと嘆いているのか。その嘆きの内容を、三十字以内で答えなさい。（句読点を含む）

4 「まことのみやび心」（一三七・1）とは、どのようなものか。次から選びなさい。

ア　美しさの盛りの中に、それを欠いた状態を重ねて捉えること。

イ　美しさの盛りよりも、それを欠いた状態に味わい深いものを見いだすこと。

ウ　美しさの盛りを見ることを願い、それが果たされれば率直に喜び、果たされなければ率直に悲しむこと。

〔　　〕

第三段落

5 「すべて、なべての人の願ふ心に違へるを、みやびとするは、つくりことぞ多かりける。」（一三七・3）とあるが、「つくりこと」とは何か。該当するものを、次からすべて選びなさい。

ア　花に風を待ち、月に雲を願ひたる

イ　逢ひ見んことを願ふ

ウ　うれしきことは、さしも深くはおぼえぬ

エ　心にかなはぬすぢを悲しみ憂へたる

オ　わびしく悲しきを、みやびたりとて願はん

〔　　〕

6 「すべて、うれしきをよめる歌には、心深きは少なくて、心にかなはぬ筋を悲しみ憂へたるに、あはれなるは多きぞかし。」（一三七・7）とあるが、なぜか。次の空欄①・②に入る言葉をそれぞれ二十字以内で答えなさい。

人の心は〔　①　〕が、〔　②　〕から。

①

②

全体

7 この文章で、作者が述べようとした主旨は何か。次から選びなさい。　▼学習二

ア　真心の大切さ　　イ　歌心の大切さ　　ウ　恋心の大切さ

〔　　〕

助長

教科書 p.140

検印

展開の把握　思考力・判断力・表現力

○次の空欄に適語を入れて、内容を整理しなさい。

①〔ア　　〕の国の人に、〔イ　　〕が成長しないのを〔ウ　　〕して、苗を引っ張った者がいた。

②苗を引っ張った人の考え→苗を引っ張ったことで、自分は苗を生長させる〔エ　　〕をした。

⇔

③引っ張られた苗の様子→無理に引っ張られたために、〔オ　　〕てしまっていた。

内容の理解　思考力・判断力・表現力

全体

1「有㆘閔㆓其苗之不㆒㆑長、而揠㆑之者㆖。」（一四〇・1）の①「其」、②「之」がさしているものを、それぞれ本文中から抜き出しなさい。（訓点不要）

①〔　　〕　②〔　　〕

2「芒芒然」（一四〇・1）と同じ意味で用いられている語を、本文中から一字で抜き出しなさい。（訓点不要）

〔　　〕

3「助㆑苗長矣。」（一四〇・2）とあるが、このような行動をとった理由にあたる部分を、本文中から六字で抜き出しなさい。（訓点不要）

〔　　　　　　〕

全体

4「苗」が枯れた理由を現代語で簡潔に書きなさい。　▼脚問1

〔　　〕

5「助長」という故事成語の、現在用いられている意味を答えなさい。　▼学習二

〔　　〕

6『孟子』では、教科書の本文のあとに「天下之不《ル》㆓助《ケテ》㆑苗《ヲ》長《ゼシメ》㆒者寡《すくナシ》矣。」の一文が続く。この文の意味として適当なものを、次から選びなさい。

ア　世の多くの人は、苗を引っ張り、成長を妨げている。
イ　世の多くの人は、苗を引っ張るような愚かなことはしない。
ウ　世の多くの人は、苗を助けないで長所を伸ばそうとしている。

〔　　〕

語句・句法　知識・技能

1 次の語の読み（送り仮名を含む）と意味を調べなさい。

p.140 ℓ.1	①宋人	〔　　〕〔　　〕
ℓ.3	②往く	〔　　〕〔　　〕
	③則ち	〔　　〕〔　　〕

2 次の文を書き下し文に改めなさい。

①従者見《まみエシム》㆑之《ヲ》。

〔　　〕

学習目標　「嬰逆鱗」の言葉の由来となった漢文を読解する。

嬰二逆鱗一

教科書 p.141

検印

展開の把握　思考力・判断力・表現力

○次の空欄に適語を入れて、内容を整理しなさい。

〔ア　　〕という動物は、従順な〔イ　　〕で、飼い慣らして〔ウ　　〕ることができる。

↓

しかし、〔エ　　〕の喉もとには直径〔オ　　〕ほどの逆さまに生えたうろこ（＝〔カ　　〕）があり、もし人がこれに触れたならば、必ず〔キ　　〕される。

⇔

君主にも〔ク　　〕と言うべきものがある。君主に自分の〔ケ　　〕を述べる者は、その〔コ　　〕に触れずにうまくやる必要がある。うまくやればあとの成功が〔サ　　〕できる。

内容の理解　思考力・判断力・表現力

全体

1 「竜之為レ虫也、」（一四一・1）とは、どういう意味か。次から選びなさい。

ア　竜も動物の一種で　　イ　竜が動物になったのは

ウ　竜の動物としての性質は

〔　　〕

2 「狎而騎」（一四一・1）とは、誰が何をどうすることか。十五字以内で答えなさい。

3 「其喉下」（一四一・1）の「其」は何をさしているか。本文中から抜き出しなさい。

〔　　〕

全体

4 「若人有二嬰レ之者一」（一四一・2）について、次の問いに答えなさい。

(1)「之」は何をさしているか。本文中から抜き出しなさい。

〔　　〕

(2)この結果、どのようになるのか。八字以内で答えなさい。

5 「幾矣。」（一四一・4）の意味を、次から選びなさい。　▼脚問1

ア　成功に近い。　イ　近々死ぬ。　ウ　望ましい。

〔　　〕

6 「逆鱗に触れる」は、現在どのような意味で使われているか。次から選びなさい。　▼学習二

ア　指導者を怒らせる。　イ　目上の人を怒らせる。

ウ　権力者に見放される。

〔　　〕

語句・句法　知識・技能

1 次の語の読み（送り仮名を含む）と意味を調べなさい。

p.141 ℓ.1　①夫れ　〔　　〕〔　　〕

②然れども　〔　　〕〔　　〕

ℓ.3　③能く　〔　　〕〔　　〕

2 次の文を書き下し文に改めなさい。

①若《もシ》不《ンバ》レ従《ハ》、非《ザル》レ忠《ニ》也。

〔　　〕

②草木得《レバ》二雨露《ヲ》一、則《チ》成長《ス》。

〔　　〕

学習目標　「画竜点睛」の言葉の由来となった漢文を読解する。

画竜点睛

教科書 p.142

検印

展開の把握　思考力・判断力・表現力

○次の空欄に適語を入れて、内容を整理しなさい。

①〔ア　〕は仏寺を立派に飾り、呉中の〔イ　〕に命じて〔ウ　〕を描かせた。

②彼の描いた金陵の安楽寺の四匹の白い竜の絵には、〔エ　〕が描き入れられていなかった。

③彼は、「〔オ　〕を描き入れると、即座に飛び去ってしまう。」と言った。

④人々が、〔カ　〕だと思い、むりやり頼んで描き入れてもらったところ、〔キ　〕匹の竜は、たちまち雲に乗って天に飛び去っていった。

⑤〔ク　〕を描き入れていない〔ケ　〕匹の竜は、今もなお安楽寺にある。

語句・句法　知識・技能

1 次の語の読み（送り仮名を含む）と意味を調べなさい。

p.142 ℓ.3　①毎に〔　〕〔　〕

②即ち〔　〕〔　〕

ℓ.4　③請ふ〔　〕〔　〕

④須臾〔　〕〔　〕

2 次の文を書き下し文に改めなさい。

①以《ツテ》レ我《ヲ》為《ス》レ不《ト》レ信《ナラ》也。

〔　〕

内容の理解　思考力・判断力・表現力

全体

1 「不レ点」（一四二・2）の「点」の意味に最も近いものを、次から選びなさい。

ア　欠点　イ　読点　ウ　点火　〔　〕

2 「即」（一四二・3）と同じ意味の二字の熟語を、本文中から抜き出しなさい。（訓点不要）

3 「請レ点レ之。」（一四二・4）の後に省略されている内容を、次から選びなさい。　▼脚問1

ア　張僧繇がひとみを描き入れたという内容。

イ　張僧繇がひとみを描き入れようとしなかったという内容。

ウ　張僧繇がひとみを描き入れない理由を述べたという内容。

〔　〕

全体

4 「両竜」（一四二・4）とはどういう竜か、具体的に述べなさい。

〔　〕

5 この故事が、いかにも実話であったかのように思わせるのに効果的な一文を本文中から抜き出しなさい。（返り点・送り仮名不要）

〔　〕

6 「画竜点睛」という故事成語は、現在では「画竜点睛を欠く」という形で用いられることが多いが、「画竜点睛を欠く」とは、どのような意味か。簡潔に記しなさい。　▼学習二

〔　〕

推敲

学習目標　「推敲」の言葉の由来となった漢文を読解する。

教科書p.143　検印

展開の把握　思考力・判断力・表現力

○次の空欄に適語を入れて、内容を整理しなさい。

①唐の詩人〔ア　　〕は〔イ　　〕の受験のために都（長安）にやってきた。
②ろばに乗りながら詩を作り、「僧〔ウ　　〕月下門」の句を思いついた。
③「〔エ　　〕」の字を「〔オ　　〕」の字に改めたほうがよかろうかと、しぐさをして考えたが、まだ決しかねていた。
④うっかりして大尹〔カ　　〕の行列に突き当たってしまった。
⑤事情を詳しく説明したところ〔キ　　〕は、「〔ク　　〕の字がよい。」と言った。
⑥二人はそのまま轡《たづな》を並べて進みながら、詩について語り合った。

語句・句法　知識・技能

1 次の語の読み（送り仮名を含む）と意味を調べなさい。

p.143 ℓ.3
①乃ち〔　　〕〔　　〕
②具に〔　　〕〔　　〕
ℓ.4
③遂に〔　　〕〔　　〕

2 次の文を書き下し文に改めなさい。

①未ダレ知ラ。〔　　〕
②未ダレ定マラ。〔　　〕

内容の理解　思考力・判断力・表現力

全体

1 本文の内容から、「科挙」には何が試験科目の一つとして課せられていたことがわかるか。答えなさい。〔　　〕

2 「推敲之勢」（一四三・2）の「勢」と同じ意味の「勢」を含む熟語を、次から選びなさい。

ア　勢力　イ　時勢　ウ　姿勢〔　　〕

3 「未レ決。」（一四三・3）とは、何を決めることができなかったというのか。「〜ということ。」に続くように、十五字以内で答えなさい。

〔　　　　　　　　　　　　　　　〕ということ。

全体

4 賈島が自作の詩について、一心不乱に考えていたことをうかがわせる一文を、本文中から抜き出しなさい。（返り点・送り仮名不要）

〔　　〕

5 「具言」（一四三・3）の具体的な内容を、次から選びなさい。　▼脚問1

ア　大尹韓愈に対する非礼の謝罪。　イ　自作詩中の用字に関する迷い。
ウ　科挙を目前に控えての心構え。〔　　〕

6 新傾向▶本文を読んだある生徒が次の文章を書いた。空欄に入る内容を、「尊大」「詩」という言葉を使って簡潔に書きなさい。

大尹韓愈は、賈島の非礼をとがめることなく、共に詩を論じている。このことから、韓愈が〔　　〕人物であることが察せられる。

〔　　〕

学習目標　「推敲」で思索されている詩を読んで、賈島の考えを想像し、その人物像を捉える。

活動　「推敲」と賈島「題二李凝幽居一」との読み比べ

○次の漢詩を読んで、あとの問いに答えなさい。

題ス二李凝ガ幽居ニ一

閑居少ニ二隣並一
草径入ル二荒園ニ一
鳥宿ル池辺ノ樹
僧敲ク月下ノ門
過ギテレ橋ヲ分カチ二野色ヲ一
移シテレ石ヲ動カス二雲根ヲ一
暫ク去リテ還タ来タルレ此ニ
幽期不レ負カレ言ニ

李凝《りぎよう》が*幽居《いうきよ》に題《だい》す

閑居《かんきよ》　*隣並《りんぺい》少《まれ》に
*草径《さうけい》　荒園《くわうゑん》に入《い》る
鳥《とり》は宿《やど》る　池辺《ちへん》の樹《じゆ》
僧《そう》は敲《たた》く　月下《げつか》の門《もん》
橋《はし》を過《す》ぎて　*野色《やしよく》を分《わ》かち
石《いし》を移《うつ》して　雲根《うんこん》を動《うご》かす
暫《しばら》く去《さ》りて　還《ま》た此《ここ》に来《き》たる
*幽期《いうき》　言《げん》に負《そむ》かず

（三体詩）

要点の整理　思考力・判断力・表現力

教科書p.143

検印

○次の空欄に適語を入れて、詩の大意を整理しなさい。

・静かで落ち着いた住まいには、隣り合っている家は〔ア　〕で、〔イ　〕の生えた小道は〔ウ　〕庭へと通じている。
・鳥は、〔エ　〕のほとりの〔オ　〕に宿り、僧は、〔カ　〕の光に照らされた〔キ　〕を敲いている。
・（招き入れられて）橋を渡っていっても、（庭には）〔ク　〕の気配が残り、雲が湧き出すような〔ケ　〕を（山中から）移してきて（庭に）据えてある。
・〔コ　〕の間、よそへ行っていたが、またここに戻ってきた。
・風雅の約束は、決して言に〔サ　〕ことはない。

語注

＊幽居…俗世間を離れて静かに暮らすこと。
＊隣並…隣り合った家。
＊草径…草の生えた小道。
＊野色を分かち…野原の気配が残り。
＊幽期…風雅の約束。

内容の理解

思考力・判断力・表現力

1 この詩の対句について述べた次の文の空欄A・Bに入る適当な言葉を、あとのア～カからそれぞれ選びなさい。

この詩の〔 A 〕は対句になっている。また、そのあとの〔 B 〕も対句になっている。

ア 第二句と第三句　イ 第三句と第四句　ウ 第四句と第五句
エ 第五句と第六句　オ 第六句と第七句　カ 第七句と第八句

A〔　〕B〔　〕

2 この詩の第一句に「閑居」とあるが、「閑居」のここでの意味を簡潔に書きなさい。

〔　〕

3 この詩の第七句の「此」は、どのような場所をさしているか。次から選びなさい。

ア 狷介《けんかい》な性格を持つ李凝の家の周囲に広がる山村。
イ 貧しいなりに皆で楽しく暮らしている李凝の家庭。
ウ 自然の趣を取り入れた庭を持つ李凝の住まい。

〔　〕

4 この詩は、どのような場面をうたっているか。「李凝」「僧」という言葉を使って、簡潔に答えなさい。

〔　〕

5 新傾向 次は、『推敲』とこの詩（「題李凝幽居」）を読んだ二人の生徒の会話である。これを読んで、あとの問いに答えなさい。

生徒A：『推敲』では、賈島はまず「僧は推す月下の門」の句を思いついて、その「推す」を「敲く」に改めようか、どうしようかと悩んでいた。そして、韓愈のすすめもあって、「敲く」にしたんだったね。

生徒B：たしかに、この「題李凝幽居」でも、①そうなっているよ。「推す」と「敲く」の違いは、どういうところにあるのかな。いろいろと考えられそうだけれど……あっ、そうだ。音が違うね。

生徒A：なるほど。「A」だと、辺りにその音が響くわけだね。「B」だと音が全くしないか、したとしてもギィィっていう、少し不気味な音だよね。

生徒B：月夜に、トントンと音が聞こえるというのは、とても風情があると思う。その音が聞こえるせいで、かえって ② ような気がするよ。

生徒A：うん。逆説的だけれど、自分もそう思うよ。ということは、君は「C」よりも「D」のほうがいいと考えるわけだね。

(1) 傍線部①「そうなっている」とあるが、どうなっているのか。「推す」「敲く」という二つの言葉を使って、簡潔に答えなさい。

〔　〕

(2) 空欄A～Dに入る言葉の組み合わせとして適当なものを、次から選びなさい。

ア A＝敲く　B＝推す　C＝推す　D＝敲く
イ A＝敲く　B＝推す　C＝敲く　D＝推す
ウ A＝推す　B＝敲く　C＝推す　D＝敲く

〔　〕

(3) 空欄②には、どのような言葉が入るか。十五字以上二十字以内で、考えて書きなさい。

朝三暮四

教科書 p.144〜p.145　検印

展開の把握　思考力・判断力・表現力

○次の空欄に適語を入れて、内容を整理しなさい。

①〔ア　　〕の国に狙公という者がおり、多くの〔イ　　〕を飼っていた。

②狙公は、家族の〔ウ　　〕を少なくしてまで猿の食欲を満たしてやっていたが、やがて貧乏になり、猿に与えるえさを制限しようとした。

③猿が自分になつかなくなるのを心配して、まず、芋を〔エ　　〕に〔オ　　〕つ、暮れに〔カ　　〕つ与えることを提案したが、猿たちは皆怒った。

④次に芋を〔キ　　〕に〔ク　　〕つ、暮れに〔ケ　　〕つ与えることを提案すると、猿たちは皆ひれ伏して喜んだ。

⑤狙公と猿との関係は、〔コ　　〕が多くの〔サ　　〕を言いくるめるのと同じである。

⑥〔シ　　〕と〔ス　　〕が変わらないのに、喜ばせたり怒らせたりしているのだ。

語句・句法　知識・技能

1 次の語の読み（送り仮名を含む）と意味を調べなさい。

p.144			
ℓ.2	①能く	〔　　〕	〔　　〕
ℓ.4	②俄かに	〔　　〕	〔　　〕
ℓ.6	③若	〔　　〕	〔　　〕

2 次の文を書き下し文に改めなさい。

①将ニレ送ラントレ君ヲ。
〔　　　　〕

②天帝使ム三我ヲシテ長タラ二百獣ニ一。
〔　　　　〕

内容の理解　思考力・判断力・表現力

全体

1 「愛レ狙」（一四四・1）の程度の異常さを示す部分を本文中から十字で抜き出しなさい。（返り点・送り仮名不要）

2 「誑」（一四四・6）とほぼ同じ意味で用いられている語（一字）を、本文中から抜き出しなさい。

3 狙公が「朝三而暮四」（一四四・6）から「朝四而暮三」（一四四・7）に言い換えたことについて、次の問いに答えなさい。▼脚問1

⑴猿たちがこれに喜んだ理由を、次から選びなさい。

ア　狙公の家族の生活が救われると思ったから。

イ　朝食が増えるという目先の利益にこだわったから。

ウ　狙公が自分たちのことを愛しているとわかったから。

〔　　〕

⑵狙公の行為は、どのようなことのたとえか。本文中から七字で抜き出しなさい。（訓点不要）

全体

4 「朝三暮四」という故事成語の意味を、衆狙と狙公のそれぞれの立場から十字以内で説明しなさい。（句読点は含まない）▼学習二

衆狙

狙公

水魚之交

学習目標 諸葛亮が劉備に進言した策の内容と、両者の関係を捉える。

教科書 p.148～p.150

検印

展開の把握

思考力・判断力・表現力　▼学習一

○次の空欄に適語を入れて、内容を整理しなさい。

第一段落 （初め ～ p.149 ℓ.3）	第二段落 （p.149 ℓ.4 ～ 終わり）
諸葛亮は隆中山の麓に住み、自分を〔ア　　〕や楽毅になぞらえていた。蜀の劉備は当代の優れた人物は誰かと司馬徽に尋ねた。 徽の答え⇩このあたりに〔イ　　〕・鳳雛ともいうべき人物がいます。それは、〔ウ　　〕と龐士元であります。 徐庶も劉備に言った⇩〔エ　　〕は〔オ　　〕に比すべき人物です。	劉備は何度も諸葛亮を訪れやっと面会でき、方策を尋ねた。 亮の答え⇩曹操は〔カ　　〕の大軍を従え、天子の威光を借りて〔キ　　〕に号令しています。↓敵対すべきではありません。 孫権は〔ク　　〕を根拠地として領有し、そこは〔ケ　　〕が険しく、民は信頼を寄せています。↓助け合うべきで、敵対すべきではありません。 〔コ　　〕は兵を動かすのに適した国で、〔サ　　〕は山で囲まれた要害の地で、肥沃な土地です。 この両州を領有し、天下の変事があれば、〔シ　　〕の軍は宛・洛へ、〔ス　　〕の軍は秦川へ討って出るなら、誰もが将軍を歓迎するでしょう。 劉備はよい策だと褒めた。 その後の二人の関係について劉備は言った⇩私と諸葛亮の関係は魚と〔セ　　〕のようなものだ。

語句・句法

知識・技能

1 次の語の読み（送り仮名を含む）と意味を調べなさい。

p.148 ℓ.8 ①毎に〔　　　〕〔　　　〕

②比す〔　　　〕〔　　　〕

p.149 ℓ.1 ③識る〔　　　〕〔　　　〕

p.149 ℓ.2 ④亦〔　　　〕〔　　　〕

p.150 ℓ.3 ⑤若し〔　　　〕〔　　　〕

2 次の文を書き下し文に改めなさい。

①匹夫モ不ル㆑可カラ㆑奪フ㆑志ヲ也。〔　　　〕

②若シ我生メバ㆑男ヲ本願也。〔　　　〕

③孰カ不ラン㆑知ラ㆓天之道理ヲ㆒乎。〔　　　〕

④性ハ猶ホ㆓湍《たん》水ノ㆒也。〔　　　〕

内容の理解

思考力・判断力・表現力

第一段落

1 「自比㆓管仲・楽毅㆒。」（一四八・8）とは、どういう意味か。次から選びなさい。

ア　管仲や楽毅のような人間にはなりたくないと思っていた。
イ　管仲や楽毅のような優れた人間になりたいと願っていた。
ウ　管仲や楽毅のような才能があると自負していた。

〔　　〕

2 「備訪㆓士於司馬徽㆒。」（一四八・9）とは、どういう意味か。次から選びなさい。

ア　劉備が当代の優れた人物を司馬徽に尋ねた。
イ　劉備が士とはいかにあるべきかを司馬徽に尋ねた。
ウ　劉備は司馬徽よりも優れた人物は誰かを尋ねた。

〔　　〕

3 「伏竜・鳳雛」（一四九・1）について、次の問いに答えなさい。

(1) 何の比喩か。十五字以内で答えなさい。

(2) 誰と誰をさしているか。本文中の語で答えなさい。

〔　　〕と〔　　〕

第二段落

4 「備三往乃得㆑見㆑亮、」（一四九・4）について、次の問いに答えなさい。

(1) どういう意味か。次から選びなさい。

ア　劉備は何度も諸葛亮のもとを訪れるまでもなく面会できた。
イ　劉備は何度か諸葛亮のもとを訪れただけで面会できた。
ウ　劉備は何度も諸葛亮のもとを訪れ、やっと面会できた。

〔　　〕

(2) ここから生まれた二つの故事成語のそれぞれの空欄に、漢字一字で適語を入れなさい。

・草廬〔　①　〕顧
・〔　②　〕顧之〔　③　〕

① 　② 　③

第二段落

5 「不㆑可㆓与争㆒㆑鋒。」（一四九・5）について、次の問いに答えなさい。

(1) どういうことか。「曹操」という語を用いて簡潔に書きなさい。

〔　　〕

(2) 理由を表している部分を本文中から抜き出し、初めと終わりの三字で答えなさい。（訓点不要）

〜

6 「用㆑武之国。」（一五〇・2）とは、どういう意味か。次から選びなさい。

ア　兵を動かすのに適した国。
イ　兵の士気が非常に盛んな国。
ウ　強力な兵力を持っている国。

〔　　〕

7 「孰不㆔簞食壺漿、以迎㆓将軍㆒乎。」（一五〇・5）とは、どのようなことを言っているのか。次から選びなさい。

ア　天下の民は、劉備の軍の到来を歓迎しないということ。
イ　天下の民は、孫権と劉備の軍の到来を歓迎するということ。
ウ　天下の民は、劉備の軍の到来を歓迎するということ。

〔　　〕

8 「猶㆓魚之有㆒㆑水也。」（一五〇・7）について、次の問いに答えなさい。▼学習二

(1) 「魚」と「水」はそれぞれ誰をたとえているか。本文中の語で答えなさい。

魚〔　　〕　水〔　　〕

(2) この言葉は、どのような関係を表しているか。次から選びなさい。

ア　お互いつかず離れずのあっさりした関係。
イ　離れては生きることのできないような密接な関係。
ウ　その人のためには死んでも後悔しないほどの関係。

〔　　〕

学習目標　魏との戦いを決断するまでの呉の人々の葛藤や、戦いの展開と結末を捉える。

赤壁之戦

教科書p.151～p.153

検印

展開の把握

思考力・判断力・表現力

▼学習一・二

○次の空欄に適語を入れて、内容を整理しなさい。

第一段落 （初め ～ p.152 ℓ.2）	第二段落 （p.152 ℓ.3 ～ 終わり）
魏の〔ア　〕は、〔イ　〕の孫権に書状を送り、「水軍〔ウ　〕人の兵を引き連れ、呉で決戦したい。」と言ってきた。 張昭の意見―〔エ　〕の軍を迎え入れるべきだ。 魯粛の意見―曹操の軍を迎え入れることはできない。 周瑜の意見―数万人の精兵とともに〔オ　〕へ進み、曹操の軍を打ち破る。 孫権は〔カ　〕を抜き、机を斬って、「曹操を迎え入れたいと言うような者は、この机と同じことになる。」と言った。	周瑜に三万人の精兵を率いさせて、〔キ　〕と力を合わせて曹操を迎え撃つことにした。〔ク　〕の地で曹操の軍と遭遇した。 黄蓋の提言―曹操の軍は船艦を連結しており、船首と〔ケ　〕がつながっている。〔コ　〕いて追い払うべきだ。 軍船・軍艦十艘《そう》を選んで、乾いたおぎや柴を載せ、その中に〔サ　〕を注いだ。〔シ　〕に書状を送り、偽って降伏したいと言った。ちょうど、〔ス　〕の風が吹いていた。 黄蓋は十艘の船を長江の中ほどまで進め、〔セ　〕をあげた。南岸の赤壁から〔ソ　〕余りのところで船に火を放った。船は矢のように進んで、〔タ　〕の船を焼き尽くした。周瑜らは進撃し、北軍は大敗した。

語句・句法

知識・技能

1 次の語の読み（送り仮名を含む）と意味を調べなさい。

p.151 ℓ.4 ①遺る〔　〕〔　〕
p.152 ℓ.4 ②遇ふ〔　〕〔　〕
ℓ.6 ③方に〔　〕〔　〕
p.153 ℓ.1 ④予め〔　〕〔　〕
ℓ.6 ⑤甚だ〔　〕〔　〕

2 次の文を書き下し文に改めなさい。

①無レキ不レルモノ知レラ愛二スルコトヲ其ノ親一ヲ也。
〔　〕

②臣請フ完レウシテ璧ヲ而帰ラン。
〔　〕

③以ツテ為レス畏レルト狐ヲ也。
〔　〕

④権ハ勧レメテ蒙ニ読レマシム書ヲ。
〔　〕

内容の理解

思考力・判断力・表現力

第一段落

1 「与二将軍一会二猟於呉一。」（一五一・4）について、次の問いに答えなさい。

(1) 「将軍」とは、誰のことか。漢字二字で書きなさい。

(2) 「会二猟於呉一」という言い方から、曹操のどのような気持ちがうかがえるか。次から選びなさい。

ア 不信　イ 自信　ウ 卑下　〔　　〕

2 曹操からの書状を見た呉の人々の気持ちについて、次の問いに答えなさい。

(1) 最も端的に示されている部分を第一段落（一五一・4〜一五二・2）から五字以内で抜き出しなさい。（訓点不要）

(2) その気持ちはどのようなものか。次から選びなさい。

ア 狂喜　イ 落胆　ウ 驚愕　〔　　〕

3 「破レ之。」（一五一・8）と反対の内容を表す表現を、第一段落（一五一・4〜一五二・2）から二字で抜き出しなさい。（訓点不要）

4 「敢言レ迎レ操者、与二此案一同。」（一五二・1）について、次の問いに答えなさい。

(1) 「与二此案一同」とは、どうなることか。十五字以内で答えなさい。

(2) この言葉には、孫権のどのような気持ちが表れていると考えられるか。次から選びなさい。

ア 曹操の軍と戦おうとする固い決意。

イ 将吏の意見をまとめようという配慮。

ウ 自分を軽視する者に対する強い怒り。　〔　　〕

第二段落

5 「黄蓋」（一五二・5）が火攻めを思いついた理由にあたる箇所を、本文中から十字以内で抜き出しなさい。（訓点不要）

6 新傾向 敵を欺くために、黄蓋がとった戦略は何か。該当しないものを、次から選びなさい。

ア 曹操に降伏を申し出る書状を送ったこと。

イ 油を注いだ枯れ草を陣幕で隠したこと。

ウ 劉備が援軍を送るといううわさを流したこと。　〔　　〕

7 「走舸」（一五三・1）とは、何に使うために用意されたものか。わかりやすく説明しなさい。

〔　　〕

8 「去二里余」（一五三・4）とは、どういうことか。次から選びなさい。

ア 曹操の軍と黄蓋の軍との距離が二里余りであること。

イ 黄蓋の軍が、赤壁の南岸から二里余り進んだこと。

ウ 曹操の軍が、長江の河口から二里余り逃げたこと。　〔　　〕

9 「北軍大壊」（一五三・6）となった原因のうち、①北軍の心理、②自然現象、を示す一文を、それぞれ第二段落（一五三・3〜一五三・7）から抜き出しなさい。（返り点・送り仮名不要）

①〔　　〕

②〔　　〕

学習目標　諸葛亮と司馬懿の心理戦の展開と、二人の人物像を捉える。

死諸葛走㆓生仲達㆒

教科書 p.154〜p.155

検印

展開の把握　思考力・判断力・表現力

○次の空欄に適語を入れて、内容を整理しなさい。

	第一段落（初め〜p.155 ℓ.1）	第二段落（p.155 ℓ.2〜終わり）
諸葛亮（蜀）	しばしば攻撃を仕掛ける。 婦人用の髪飾りと（イ　　）をおくって（ウ　　）ではないと侮辱した。 朝早く起き夜おそく寝て、仕事は忙しく（カ　　）の量は少ない。	亮の（ク　　）が重くなる。 大きな赤い（ケ　　）が陣営に落ちてまもなく亮は死ぬ。 長史の楊儀は軍を引き揚げる。 姜維は楊儀に（サ　　）の向きを変え太鼓を鳴らさせ、進軍の意志を示した。
司馬懿＝仲達（ア　　）	↓陣地から出て戦おうとしなかった。 （エ　　）に亮の（オ　　）と軍務の忙しさについて尋ねる。 諸葛亮は（キ　　）できないだろうと考えた。	↑土地の（コ　　）の知らせを聞いて追撃する。 楊儀の軍に近づこうとしなかった。
		「死んだ（シ　　）が、生きている（ス　　）を敗走させた。」とうわさされた。

語句・句法　知識・技能

1 次の語の読み（送り仮名を含む）と意味を調べなさい。

① 数（p.154 ℓ.4）〔　　　〕〔　　　〕
② 覧る（ℓ.7）〔　　　〕〔　　　〕
③ 卒す（p.155 ℓ.3）〔　　　〕〔　　　〕
④ 百姓〔　　　〕〔　　　〕
⑤ 奔る〔　　　〕〔　　　〕

2 次の文を書き下し文に改めなさい。

① 屈原能ク無レカラン怨ムコト乎。
〔　　　　　　　〕
② 令ム二将軍ヲシテ与レ臣有ラ一レ郤《げき》。
〔　　　　　　　〕
③ 終ニ不レ能ハレ得ルレ璧ヲ。
〔　　　　　　　〕
④ 側《そば》メテレ目ヲ不ニ敢ヘテ視一。
〔　　　　　　　〕

内容の理解

思考力・判断力・表現力

第一段落

1 「遺以二巾幗婦人之服一。」(一五四・4)とあるが、諸葛亮はなぜ司馬懿に「巾幗婦人之服」をおくったのか。その理由を二十五字以内で答えなさい。 ▼脚問1

2 「懿問二其寝食及事煩簡一」(一五四・5)の理由は何か。次から選びなさい。 ▼学習一

ア 諸葛亮の部下との関係を知りたいから。
イ 諸葛亮の健康状態を知りたいから。
ウ 諸葛亮の劉備との関係を知りたいから。 〔　　〕

3 「不レ及二戎事一。」(一五四・6)とあるが、その理由は何か。次から選びなさい。

ア 使者を油断させて、軍事のことを聞き出そうとしたから。
イ 使者は軍事のことは知らないだろうと考えたから。
ウ 使者に警戒心を持たせたくなかったから。 〔　　〕

4 「罰二十以上皆親覧。」(一五四・7)から、諸葛亮のどのような性格がうかがえるか。二十五字以内で答えなさい。

5 「其能久乎。」(一五五・1)とあるが、その理由を二十字以内で答えなさい。

6 「亮卒。」(一五五・3)を象徴的に描いている部分を本文中から抜き出し、初めと終わりの三字で答えなさい。(訓点不要)

〜

第二段落

7 「百姓奔告レ懿。」(一五五・3)とあるが、何を告げたのか。次から選びなさい。

ア 諸葛亮が病気で死んでしまったこと。
イ 蜀軍が兵を整えて帰国し始めたこと。
ウ 楊儀が蜀を裏切って魏についたこと。

8 「反レ旗鳴レ鼓若レ将レ向レ懿。」(一五五・4)とは、どういう意味か。次から選びなさい。

ア 蜀の軍が魏の軍に進撃の構えを見せたということ。
イ 蜀の軍に内紛が起こり、姜維が殺されたということ。
ウ 蜀の軍が魏の軍に降伏の意志を見せたということ。 〔　　〕

9 「不二敢逼一。」(一五五・5)とあるが、司馬懿がそのような行動をとったのはなぜか。次から選びなさい。

ア 敵の逃げる速度があまりに速かったから。
イ 「百姓(土地の人々)」に裏切られたと気がついたから。
ウ 諸葛亮の策略ではないかと恐れたから。 〔　　〕

10 新傾向 「百姓為レ之諺」(一五五・5)とあるが、「百姓」が「諺」した意図は何か。該当するものを、次からすべて選びなさい。

ア 諸葛亮の偉大さを称賛する。
イ 司馬懿の度量の大きさを称賛する。
ウ 諸葛亮が短命であったことを惜しむ。
エ 司馬懿の臆病さを批判する。
オ 諸葛亮と司馬懿の友情を称賛する。 〔　　〕

学習目標　漢詩の表現や技法について理解し、古代中国の人々が自然や人事に向けた思いを捉える。

中国の詩

教科書p.158〜p.161

検印

要点の整理

思考力・判断力・表現力

○次の空欄に適語を入れて、各詩の大意を整理しなさい。

鹿柴	〔ア　　〕のない〔イ　　〕に〔ウ　　〕の姿は見えない。ただ、誰か人の語る〔エ　　〕だけが聞こえる。〔オ　　〕が深い林に差しこみ、そして、〔カ　　〕の上を照らす。
絶句	川は〔キ　　〕色に澄み、その上を舞う鳥はひときわ〔ク　　〕く、〔ケ　　〕は深緑に、その中に真紅の〔コ　　〕が燃えんばかりに咲いている。今年の〔サ　　〕もまた、みるみるうちに過ぎてゆく。いったいいつが、都〔シ　　〕に帰る年になるのだろう。
峨眉山月歌	〔ス　　〕の上に照る秋の〔セ　　〕、それは平羌江の水に〔ソ　　〕を落として流れていた。今夜〔タ　　〕に向けて清渓を出発したが、〔チ　　〕のことを思っても、もはやその姿を見ることのできないままに、私は〔ツ　　〕へと下って行く。
春夜	春の〔テ　　〕のひとときは〔ト　　〕の値打ちがあるのだ。〔ナ　　〕はさわやかに香り、〔ニ　　〕はおぼろにかすむ。二階の〔ヌ　　〕声と〔ネ　　〕の音も今はか細く、中庭の〔ノ　　〕は垂れて〔ハ　　〕はふける。
除夜寄弟妹	旅先で大みそかの〔ヒ　　〕に故郷の弟や妹のことを思うと、寝つかれず〔フ　　〕事が湧いてくる。彼らとは遠く離れて〔ヘ　　〕たつが、一本のともしびを前にして感慨深い。〔ホ　　〕でやつれた私は以前の姿ではなく、正月を前に〔マ　　〕に帰りたい思いは募

○各詩について、①詩の形式、②押韻している字、③対句（「第何句と第何句」というように句数で記しなさい。対句のない場合は「なし」と記しなさい。）を整理しなさい。

詩	①	②	③
鹿柴	〔　　〕	〔　　〕	〔　　〕
絶句	〔　　〕	〔　　〕	〔　　〕
峨眉山月歌	〔　　〕	〔　　〕	〔　　〕
春夜	〔　　〕	〔　　〕	〔　　〕
除夜寄弟妹	〔　　〕	〔　　〕	〔　　〕

る。そのうち楽しいだんらんをしたいが、それまで私は旅の身だから、おまえたちはそれぞれ〔ミ　　　〕してくれ。

遊山西村

「笑わないでください、〔ム　　　〕の師走仕込みの〔メ　　　〕が濁酒であることを。去年は〔モ　　　〕でしたから、お客様をお引き止めするのに、〔ヤ　　　〕も〔ユ　　　〕も、たっぷりでございます。」〔ヨ　　　〕が重なり〔ラ　　　〕が複雑に湾曲し、ついに〔リ　　　〕がなくなって、行き止まりかと思っていると、〔ル　　　〕の緑が陰をなし、〔レ　　　〕が明るく咲いていて、またそこに一つの〔ロ　　　〕がある。笛と太鼓の音が追いかけあって、〔ワ　　　〕が近い。村人の服装は〔ヰ　　　〕で、古い〔ヱ　　　〕を残している。これからも、もし暇なときに〔ヲ　　　〕に浮かれて来ることを許していただけるのならば、私は〔ン　　　〕をついていつでも夜中にあなたの〔a　　　〕をたたくつもりです。

↓

①〔　　　〕
②〔　　　〕
③〔　　　〕

内容の理解

思考力・判断力・表現力

鹿柴

1「鹿柴」詩について、次の問いに答えなさい。

(1)「空山」（一五六・2）のイメージを具体的に表している語句を抜き出しなさい。（訓点不要）

〔　　　〕

(2) かすかに聞こえる音によって、かえって周囲の静寂を強調している句は第何句か。漢数字で答えなさい。

第□句

(3) この詩の描写には、五感のうち、どの感覚がはたらいているか、二つ答えなさい。

〔　　　〕〔　　　〕

(4) 転句・結句の色彩の対照について、次の空欄に適当な漢字一字を補いなさい。

返景—①□色　深林—②□色　苔—③□色

絶句

2「絶句」詩について、次の問いに答えなさい。

(1) 起句・承句の色彩の対照について、次の空欄に適当な漢字一字を補いなさい。

起……江—①□色　鳥—②□色
承……山—③□色　花—④□色

(2) この詩はどの時節に作られたものか、二字で答えなさい。

□□

(3) 転句に込められた作者の気持ちを、次から選びなさい。 ▼脚問2

ア　物思いに沈む春が終わり、明るい夏が訪れることへの喜び。
イ　何もしないまま時間だけが空しく過ぎゆくことへの嘆き。
ウ　月日が過ぎ、いよいよ都へ帰る日が来たことへの期待。〔　　〕

(4) 結句に込められた作者の願いについて、次の空欄に適語を補いなさい。

自分にとっては故郷にも等しい都〔①〕に帰って、〔②〕的にも文学的にも自分の力を存分に発揮したい。

①〔　　〕　②〔　　〕

3 「峨眉山月歌」詩について、次の問いに答えなさい。

(1) 作者はどこから「峨眉山月」（一五九・2）を望み見たのか、次から選びなさい。

ア　峨眉山の麓　　イ　峨眉山の東方の平羌江下流
ウ　峨眉山の西方の辺境　〔　　〕

(2) 「半輪」（一五九・2）の月とは、どのような月か、記しなさい。〔　　〕

(3) 「流」（一五九・3）れるのは何か、十字以内で答えなさい。 ▼脚問3

(4) 「向㆓三峡㆒」（一五九・4）という表現からうかがえる作者の気持ちを、次から選びなさい。

ア　故郷をあとにして天下に出てゆこうとする心意気。
イ　故郷を追われて辺境の地に出てゆこうとする傷心。
ウ　辺境の地から故郷へやっと帰れるという喜び。〔　　〕

(5) 「君」（一五九・5）がさすものを、詩中の一語で答えなさい。（訓点不要）〔　　〕

(6) 前問(4)の気持ちを抱きながら、一方でそれとは対照的な気持ちをも抱いていたことを示す語句を、詩中より四字で抜き出しなさい。（訓点不要）

(7) 「三峡」（一五九・4）と「渝州」（同・5）とは、作者の旅程上でどのような関係にあるのか。次の空欄にいずれかを補って示しなさい。

〔①〕は〔②〕に至るまでの中継点である。

①〔　　〕　②〔　　〕

4 「春夜」詩について、次の問いに答えよ。

(1) この詩の着想の面白さは、「（①）を（②）の値打ちがあると称賛した点」にある。空欄に入る適語を答えなさい。

①〔　　〕　②〔　　〕

(2) 新傾向 「春宵一刻」（一五九・7）の景物として描かれているものを、詩中からすべて抜き出しなさい。（訓点不要）〔　　〕

(3) 「陰」（一五九・7）とは何か。次から選びなさい。

ア　月を覆う雲。
イ　月明かりによってできた物影。
ウ　月の表面の黒い模様。〔　　〕

(4) 「細細」（一五九・8）は、「歌管」（同）のどのような様子を表現しているか。十五字以内で説明しなさい。 ▼脚問4

(5) 「夜沈沈」（一五九・8）という表現から、「鞦韆」（同）のどのような様子を想像することができるか。次から選びなさい。 ▼脚問4

春夜

ア　女の子たちが楽しそうに乗っている様子。
イ　誰も乗っておらず静かに垂れている様子。
ウ　一人の女性がゆっくりとこいでいる様子。
〔　　〕

除夜寄弟妹

5「除夜寄二弟妹一」詩について、次の問いに答えなさい。

(1)「不レ寝百憂生」（一六〇・2）の理由を表している部分を、詩中から抜き出しなさい。（訓点不要）
〔　　　　〕

(2)「此夜情」（一六〇・3）とは、どのようなものか。次から選びなさい。
ア　幼い弟や妹のことを心配しての望郷の念。
イ　病気のため容貌が変わってしまった悲しみと望郷の念。
ウ　病気と貧困で苦しい旅を続ける悲しみと望郷の念。
〔　　〕

(3)「早晩重歓会」（一六〇・5）とは、どういう意味か。次から選びなさい。
ア　そのうちに再び楽しくだんらんしたいものだ。
イ　そのうちに何回も楽しいだんらんができるだろう。
ウ　そのうちに再び歓迎会をしたいものだ。
〔　　〕

(4)「各長成」（一六〇・5）とは、誰がどうすることか。二十字以内で答えなさい。
〔　　〕

6「遊二山西村一」詩について、次の問いに答えなさい。

(1)「莫レ笑」（一六〇・7）とは、誰が誰に向かって言った言葉か。次の空欄に適当な語句を補って答えなさい。▼脚問6

遊山西村

〔　①　〕が〔　②　〕に向かって言った言葉。
①〔　　　〕　②〔　　　〕

(2)第二句からうかがえる農民の気持ちを、次から選びなさい。
ア　作者をあたたかく歓待する気持ち。
イ　粗末なもてなしを恥じる気持ち。
ウ　客人に出す物の不作を嘆く気持ち。
〔　　〕

(3)急に視界が明るく開けて、そこに村があったことへの驚き・喜びが凝縮されている語（一字）を抜き出しなさい。（訓点不要）
〔　　〕

(4)「衣冠簡朴古風存」（一六一・1）について、次の問いに答えなさい。

①農村のどのような様子を表すか。次から選びなさい。
ア　粗末な服装で、苦しく貧しい生活にあえいでいる様子。
イ　簡単な服装だが、古代の素朴な風俗を残している様子。
ウ　昔ふうの服装で、古いしきたりに縛られている様子。
〔　　〕

②①のような様子は、何によってわかったのか。詩中の語を抜き出しなさい。（訓点不要）
〔　　　〕

③このような農村の生活に親しみを覚えた作者の気持ちについて、次の説明文の空欄に入れるのに適当な二字の語を答えなさい。
農村には、〔　　〕ではもはや失われた、純朴でいにしえを尊ぶ生活が残されているのだなあ。

学習目標　日本の各時代の作者が漢詩に託した自然や人事に対する思いを捉える。

日本の詩

教科書 p.164～p.165

検印

要点の整理

思考力・判断力・表現力

○次の空欄に適語を入れて、各詩の大意を整理しなさい。

不出門	冬夜読書	送夏目漱石之伊予
右大臣から〔ア　　〕権帥に左遷されて以来、私は粗末な住まいにいる。〔イ　　〕に値する罪に恐れおののき、身の置きどころもない。都督府の正面にある高楼はやっと〔ウ　　〕の色が見えるが、観世音寺はただその〔エ　　〕の音に耳を傾けるしかない。胸中の思いは、〔オ　　〕が消えるのを追いかけようというものであり、外側の世界に対しては、〔カ　　〕が迎えるように対処しようと思っている。この土地で手を縛られてつながれているわけではないが、僅かな距離であっても〔キ　　〕を出て行くことはできない。	〔ク　　〕は山の草庵を懐に抱くように降り、樹木の〔ケ　　〕は深い。軒につるした風鈴は動かず、〔コ　　〕は深々と更けていく。散らかした書物を静かにかたづけて意味のよくわからない箇所を考える。一本の青い〔サ　　〕が遠い昔の人の心を照らし出す。	行きなさい、〔シ　　〕里のかなたの松山へ。〔ス　　〕を見送ると夕暮れの寒さが身にしみる。汽車で東海道を下ると空には富士山がかかっているだろうし、汽船で瀬戸内海を行けば海の果てに大きな波がわき起こるだろう。〔セ　　〕では友人はほとんどおらず、いたずらっ子を教育するのは難しいだろう。〔ソ　　〕節に再会できることを期待している。遅咲きの桜が散ってしまうので、遅れてはいけない。

○各詩について、①詩の形式、②押韻している字、③対句（「第何句と第何句」というように句数で記しなさい。対句のない場合は「なし」と記しなさい。）を整理しなさい。

不出門	冬夜読書	送夏目漱石之伊予
①〔　　〕	①〔　　〕	①〔　　〕
②〔　　〕	②〔　　〕	②〔　　〕
③〔　　〕	③〔　　〕	③〔　　〕

内容の理解

思考力・判断力・表現力

不出門

1 「不㆑出㆑門」詩について、次の問いに答えなさい。

(1) 「万死」(一六四・2)とは、どういう意味か。次から選びなさい。

ア 万が一にも死罪を命じられても。

イ 多くの人々の死にざまを見てきて。

ウ 何度も死ぬほどに罪が重いので。

〔　　〕

(2) なぜ、作者は大宰府にいるのか。その理由を表した言葉を詩中から二字で抜き出しなさい。(訓点不要)

(3) 「只聴㆓鐘声㆒」(一六四・3)なのは、なぜか。十字程度で答えなさい。

(4) 「好逐孤雲去」(一六四・4)には、作者のどのような気持ちが込められているか。次から選びなさい。

ア 静かな安らぎを求める気持ち。

イ 政界に復帰しようと焦る気持ち。

ウ 不遇な我が身に対して憤る気持ち。

〔　　〕

(5) この詩で作者は、どのような心情を示そうとしているのか。詩中から三字で抜き出しなさい。(訓点不要)

▼学習一

冬夜読書

2 「冬夜読書」詩について、次の問いに答えなさい。

(1) 「夜沈沈」(一六四・7)とは、どういう意味か。次から選びなさい。

ア 夜の闇がますます濃くなっていく。

イ 夜の不気味さがあたりを支配する。

ウ 夜がしんしんと更けていく。

〔　　〕

(2) 「一穂青灯」(一六五・1)と対応する語句を、詩中から三字で抜き出しなさい。(訓点不要)

(3) 「読書」(一六四・6)に関連する部分を、詩中から三字で抜き出しなさい。(訓点不要)

(4) この詩の主題は、何か。次から選びなさい。

ア 雪深い山堂で、ひとり静かに詩作に打ち込む楽しさ。

イ 読書して、遠い昔の聖人や賢人の精神に触れる喜び。

ウ 白い雪と黒い樹影、そして青い灯火の織り成す美しさ。

〔　　〕

送夏目漱石之伊予

3 「送㆔夏目漱石之㆓伊予㆒」詩について、次の問いに答えなさい。

(1) 「三千里」(一六五・3)とは、どこからどこまでの距離が遠いことを表しているのか。都道府県名を書きなさい。

〔　　〕から〔　　〕まで

(2) 「生㆓暮寒㆒」(一六五・3)には、どのような気持ちが込められているか。次から選びなさい。

ア 病気がちな自分に対する不安。

イ 遠く旅立つ友人を送る寂しさ。

ウ 出征する兵士に向けた励まし。

〔　　〕

▼脚問2

(3) 第三・四句は、何を表現しているか。次から選びなさい。

ア 前途洋々たる未来の希望。　イ 伊予の自然の雄大な情景。

ウ 伊予までの道中の苦労。

〔　　〕

(4) 「莫㆑後」(一六五・6)とは、何に遅れるなというのか。次の空欄を補って答えなさい。

〔　①　〕のころに行う〔　②　〕。

①〔　　〕

②〔　　〕

学習目標　七夕伝説の由来の一つとなった説話を読み、古代中国の人々の孝行に対する考え方を捉える。

織女

教科書p.168〜p.169

検印

展開の把握

思考力・判断力・表現力

○次の空欄に適語を入れて、内容を整理しなさい。

第一段落（初め 〜 p.168 ℓ.4）	第二段落（p.168 ℓ.5 〜 p.168 ℓ.6）	第三段落（p.168 ℓ.7 〜 p.169 ℓ.3）	第四段落（p.169 ℓ.4 〜 終わり）
孝行息子	不思議な女性	董永の願い	女性の正体
〔ア　　〕の時代の董永は、小さいときに〔イ　　〕を亡くし、父といっしょに住み、父を大切にしていた。父が死んだとき、貧しくて〔ウ　　〕をすることができなかった。そこで董永は自分を奴隷として売り、〔エ　　〕の費用に当てようとした。主人は董永に〔オ　　〕を与えて、家に帰した。	董永は〔カ　　〕間の喪に服し終わると、主人の元に帰って奴隷の仕事をしようとした。主人の家に行く途中で一人の女性に出会った。その女性は董永に「どうか〔キ　　〕の妻にしてください。」と言った。	主人は「銭はあなたにあげたのだ。」と言ったが、董永は「あなたの恵みを受けて父の葬礼ができました。厚い〔ク　　〕に報いたいのです。」と言った。主人は董永の妻が〔ケ　　〕がうまいと聞いて、「それならばあなたの奥さんに、私のために〔コ　　〕を百疋織らせてください。」と言った。	董永の妻は〔サ　　〕で織り上げた。妻は董永に「私は天の〔シ　　〕です。あなたが孝行なので〔ス　　〕が借金を返済させるよう私に命ぜられたのです。」と言い、空へ舞い上がり、どこに行ったのかわからなくなった。

語句・句法

知識・技能

1 次の語の読み（送り仮名を含む）と意味を調べなさい。

p.168 ℓ.1	①少くして	〔　　〕	〔　　〕
ℓ.5	②畢はる	〔　　〕	〔　　〕
p.169 ℓ.1	③小人	〔　　〕	〔　　〕
ℓ.2	④報ゆ	〔　　〕	〔　　〕
ℓ.3	⑤爾り	〔　　〕	〔　　〕

2 次の文を書き下し文に改めなさい。

①雖レモ有二リト五男児一、総《すべ》テ不レ好二マ紙筆一ヲ。
〔　　〕

②大王来タルトキ、何ヲカ操《と》レル。
〔　　〕

③但ダ聞ク人語ノ響クヲ。
〔　　〕

④令二ム騎ヲシテ皆下レリテ馬ヲ歩行一セ。
〔　　〕

内容の理解　思考力・判断力・表現力

第一段落

1 「乃自売為レ奴、以供二喪事一。」（一六八・2）について、次の問いに答えなさい。

(1) この文の主語を答えなさい。〔　　〕

(2) 「自売為レ奴」するのは、なぜか。次から選びなさい。〔　　〕

ア 父親を大切に扱わなかった者を罰するため。
イ 父親の葬儀にかかる費用を稼ぎ出すため。
ウ 父親が死に、生活の糧がなくなったから。

2 「主人知二其賢一、与二銭一万一、遣レ之。」（一六八・3）について、次の問いに答えなさい。

(1) 「之」は何をさすか。本文中から三字で抜き出しなさい。

(2) 「主人」が「銭一万」を与えたのはなぜか。次から選びなさい。〔　　〕

ア 以前董永の父親から恩を受けたことがあったから。
イ 働き者の董永なら、いい奴隷になると考えたから。
ウ 董永の行いが立派であることに感心していたから。

第二段落

3 「欲下還二主人一、供中其奴職上。」（一六八・5）とは、どういう意味か。次から選びなさい。〔　　〕

ア 主人に一万銭を返してから、奴隷になろうとした。
イ 主人の元に帰って、奴隷の仕事をしようとした。
ウ 銭を返し終わったので、奴隷を辞めようとした。

4 「俱」（一六八・6）とは、どうすることか。具体的に十五字以内で答えなさい。

第三段落

5 「君之恵、」（一六八・7）とは、何のことか。二十五字以内で説明しなさい。

6 主人が「婦人何能。」（一六九・2）と言ったのはなぜか。次から選びなさい。〔　　〕

ア 董永と女性との二人分の働きを期待したから。
イ 女性は董永にふさわしくないと思ったから。
ウ 董永が恩返しをすると言ってきかないから。

第四段落

7 「償レ債」（一六九・6）の意味を、次から選びなさい。〔　　〕 ▼脚問2

ア お金を返すこと。　イ 機織りをすること。
ウ 妻になること。

全体

8 新傾向 董永が父親に対して行った孝行を三つ、次の条件に従って書きなさい。

（条件）・①は父親が生きているときの孝行について、②は父親が死んだときの孝行について、③は父親が死んだあとの孝行について書くこと。
・それぞれ二十五字以内で書くこと。

①

②

③

学習目標　一般的なイメージとは異なる幽霊についての話を読み、古代中国の人々の超常的な存在に対する見方を捉える。

売レ鬼

教科書 p.170～p.172

検印

展開の把握　思考力・判断力・表現力

○次の空欄に適語を入れて、内容を整理しなさい。

第一段落（初め ～ p.171 ℓ.6）	第二段落（p.171 ℓ.7 ～ 終わり）
	作者の論評
南陽の定伯が若かったころ、ある夜、幽霊に出くわした。定伯は「私も〔ア　　〕だ。」とうそをつき、いっしょに宛市まで歩いていくこととなった。幽霊と定伯とは交代で相手を背負うことにしたが、幽霊は「あなたはたいへん〔イ　　〕。もしや幽霊ではないのではないか。」と疑った。定伯は「私は〔ウ　　〕になったばかりなので、重いのだ。」とごまかした。定伯が「私は死んだばかりなので、幽霊が何を恐れるのかわからない。」と言うと、幽霊は「人の〔エ　　〕が嫌いなのだ。」と答えた。途中、幽霊が〔オ　　〕を渡ると、少しも音がしなかった。定伯が渡ると、ざぶざぶと音がした。幽霊はこれを怪しんだが、定伯は「私は死んだばかりで、渡り方を習っていないから音がするのだ。」とごまかした。	〔カ　　〕に着こうとしたとき、定伯は幽霊を背負って〔キ　　〕の上にくっつけて、捕まえた。幽霊は大声で叫び、降ろすように言ったが、定伯は聞き入れなかった。宛市に着き、幽霊を降ろすと、幽霊は一匹の〔ク　　〕に姿を変えた。定伯はこれが変化することを恐れて〔ケ　　〕をつけた。定伯は銭〔コ　　〕で幽霊を売って、去っていった。

語句・句法　知識・技能

1 次の語の読み（送り仮名を含む）と意味を調べなさい。

p.170

ℓ.1 ①逢ふ〔　　〕〔　　〕

②鬼〔　　〕〔　　〕

ℓ.2 ③汝〔　　〕〔　　〕

ℓ.6 ④太だ〔　　〕〔　　〕

⑤将た〔　　〕〔　　〕

2 次の文を書き下し文に改めなさい。

①今夜ハ不レ知ラ何レノ処ニカ宿スルヲ。〔　　〕

②以ツテ二五十歩ヲ一笑ハバ二百歩ヲ一、則チ何如。〔　　〕

③若ハ非ズ二吾ガ故人ニ一乎。〔　　〕

④問フレ余ニ何ノ意アリテカ棲ムト二碧山ニ一。〔　　〕

内容の理解

思考力・判断力・表現力

第一段落

1 「卿太重。将非レ鬼也。」（一七〇・6）について、次の問いに答えなさい。

(1) 「卿」とは、何をさすか。本文中から抜き出しなさい。（訓点不要）

〔　　　〕

(2) 「将非レ鬼也。」の意味を次の中から選びなさい。

ア　やはり幽霊ではなかったのだな。

イ　もしかして幽霊なのか。

ウ　ひょっとして幽霊ではないのか。

▼脚問1　〔　　　〕

(3) 「将非レ鬼也。」と思ったのは、なぜか。理由がわかる箇所を本文中から五字以内で抜き出しなさい。（訓点不要）

〔　　　〕

2 「我新鬼、不レ知レ有三何所二畏忌一。」（一七一・2）と言ったのは、なぜか。二十字以内で説明しなさい。

3 「何以有レ声。」（一七一・5）の後に続く言葉を、本文中から五字以内で抜き出して補いなさい。

第二段落

4 「唾レ之。」（一七一・10）について、次の問いに答えなさい。

(1) 「之」は、何をさすか。十字以内で説明しなさい。

第二段落

(2) 「唾」したのは、なぜか。次から選びなさい。

ア　羊の肉がとてもおいしそうだったから。

イ　千五百ほどの銭をきちんと数えるため。

ウ　幽霊が再び変身しないようにするため。

〔　　　〕

全体

5 新傾向　次の生徒の会話から、本文の内容をふまえて話している生徒をすべて選びなさい。　▼学習一

生徒A：この話に出てくる鬼は、定伯を鬼ではないと疑っても、定伯のいう「新鬼であるから」という理由をうのみにして彼を信じてしまうね。何だか少し間の抜けた性格のようだね。

生徒B：そうだね。唾をつけられると力を失う弱点も、自ら告白してしまっているもんね。

生徒C：外見も人間と同じようで、会話も普通にできるから、そう感じるのかもね。

生徒D：人間でないことの証明は、音をたてずに川を渡れることだけだものね。

生徒〔　　　〕

6 この話のおもしろさは、どのようなところにあると考えられるか。次から選びなさい。

ア　一人の男が、悪い鬼をうまくだまして財宝を手に入れるという勧善懲悪に基づいた展開。

イ　超自然的な存在でありながら、人に捕まえられ逃げることのできない弱い幽霊という着想。

ウ　幽霊と機転の利いた問答を繰り返すことにより、立身出世を果たすという壮大なテーマ。

〔　　　〕

学習目標 怪異譚である、人が蘇生する話を読み、この話の男を蘇生させたものは何かを理解する。

買粉児

教科書 p.173～p.175

検印

展開の把握

思考力・判断力・表現力

○次の空欄に適語を入れて、内容を整理しなさい。

第一段落（初め ～ p.174 ℓ.3）	第二段落（p.174 ℓ.4 ～ 終わり）
金持ちのひとり息子が、〔ア　　〕に出かけ、〔イ　　〕を売る美しい娘を見かけた。男は毎日おしろいを買ったが、娘と口をきくことはなかった。ある日、娘が「あなたはおしろいを買って、いったいどこに使うのですか？」と尋ねた。男は「あなたを〔ウ　　〕していますが、気持ちを伝えかねていました。おしろいを買うのにかこつけて、あなたの姿を見ていたのです。」と告白した。娘は翌日の夜にひそかに男と会うことを承知した。次の日、娘を迎えた男は、娘の〔エ　　〕をとって、喜びのあまり死んでしまった。娘は怖くなって逃げ去った。	翌朝、男の〔オ　　〕が部屋に行くと、男はすでに死んでいた。棺おけに収めようというときに、〔カ　　〕個あまりのおしろいの包みを見つけた。男の〔キ　　〕は市場中のおしろいを買い集め、男におしろいを売っていた娘をつきとめた。両親は娘を役所に訴えた。娘は「私は命が惜しいのではない。どうか弔いをさせてください。」と、〔ク　　〕に願い出た。娘は遺体をなで、大声で泣きながら言った。「もし死後、魂に霊力があるならば、何も思い残すことはない。」すると男は急に生き返った。二人は夫婦となり、〔ケ　　〕は繁栄した。

語句・句法

知識・技能

1 次の語の読み（送り仮名を含む）と意味を調べなさい。

p.173 ℓ.1 ①止だ〔　　〕〔　　〕

②游ぶ〔　　〕〔　　〕

ℓ.4 ③漸く〔　　〕〔　　〕

p.174 ℓ.7 ④遍く〔　　〕〔　　〕

ℓ.8 ⑤具さに〔　　〕〔　　〕

2 次の文を書き下し文に改めなさい。

①会《ヒテ》㆓其《ノ》怒《リニ》㆒、不㆓敢《ヘテ》献《ぜ》㆒。〔　　〕

②此《レ》亡秦之続《キナル》耳。〔　　〕

③何《ゾ》前《さきニハ》倨《おごリテ》而後《ニハ》恭《シキ》也《や》。〔　　〕

④学若《もシ》不㆑成《ンバ》、死《ストモ》不㆑還《ラ》。〔　　〕

内容の理解

思考力・判断力・表現力

第一段落

1 「過レ常。」（一七三・1）とは、どういうことか。次から選びなさい。

ア　いつもと同じであるということ。
イ　普通とは違っているということ。
ウ　いつまでも変わらないということ。

〔　　〕

2 「愛レ之、無レ由二自達一。」（一七三・2）について、次の問いに答えなさい。

(1) 主語は、何か。次から選びなさい。

ア　金持ちの家のひとり息子。
イ　おしろいを売る美しい娘。
ウ　市場で売っているおしろい。

〔　　〕

(2) 「無レ由二自達一」とは、どういう意味か。二十字以内で説明しなさい。

▼脚問1

3 「積」（一七三・4）とは、何のことか。次から選びなさい。

ア　男の買ったおしろいが山のように積み上げられたこと。
イ　娘に交際を求めていた男が、積極的に振る舞ったこと。
ウ　男が黙っておしろいを買うことが、何日も続いたこと。

〔　　〕

4 「仮レ此」（一七三・6）の「此」は、何をさすか。本文中から抜き出しなさい。

〔　　〕

5 「其悦、」（一七四・2）とは、具体的にはどのような気持ちか。二十五字以内で説明しなさい。

第二段落

6 「入レ市遍買二胡粉一、」（一七四・6）とは、誰の、どのような行動か。次から選びなさい。

ア　男の両親の、男の宿願をなんとかかなえようとする行動。
イ　男の母親の、男が死んだ手がかりをつかもうとする行動。
ウ　男の、娘にもう一度会って思いを伝えようとする行動。

〔　　〕

7 「手跡如レ先。」（一七四・7）とあるが、どういうことか。「先」の内容を明らかにして、三十字以内で説明しなさい。

▼脚問2

8 「撫レ之」（一七四・10）の「之」は、何をさすか。本文中から漢字一字を抜き出しなさい。

全体

9 この話では、男が生き返ったのはなぜだと考えているか。次から選びなさい。

▼学習四

ア　娘のことを快く思わない父母に、自分との結婚を許してもらうための芝居だったから。
イ　男が死ぬ間際になって、わがまま放題だった今までの自分の生活ぶりを反省したから。
ウ　自分の命を惜しむことなく、男の愛情に応えようとした娘の気持ちが奇跡を呼んだから。

〔　　〕

学習目標　少孺子が呉王に行った説得の巧みさを捉える。

不㆑顧㆓後患㆒

教科書 p.178 ～ p.179

検印

展開の把握

思考力・判断力・表現力

○次の空欄に適語を入れて、内容を整理しなさい。

第一段落 （初め ～ p.178 ℓ.3）	第二段落 （p.178 ℓ.4 ～ 終わり）
呉王は〔ア　　〕を伐とうとして、〔イ　　〕たちに、「あえて諫める者があれば〔ウ　　〕はおかない。」と言った。〔エ　　〕という舎人が諫めようとしたができなかった。そこで〔オ　　〕を手に持ち、たまを懐に入れて、〔カ　　〕が着物をぬらすにもかかわらず、裏庭を〔キ　　〕間歩き回った。	呉王は〔ク　　〕を近くに呼んで、なぜわざわざそんなことをしているのかと聞くと、次のように答えた。 「庭の中に樹があって、その高い所に〔ケ　　〕がとまっており、高い声で鳴いて、〔コ　　〕を飲んでいます。しかし、背後にいる〔サ　　〕が、体をかがめ、脚を縮めているのに気がつきません。〔シ　　〕もまた、そばにいる〔ス　　〕が、首を伸ばしてついばもうとしているのに気がつきません。そして〔セ　　〕も、〔ソ　　〕を持った私が下でねらっているのに気がつきません。〔タ　　〕と〔チ　　〕と〔ツ　　〕の三つはそれぞれ、目前の〔テ　　〕を得ようとしていますが、背後に〔ト　　〕が待ちかまえているのに気がつかないのです。」と。 それを聞いた呉王は〔ナ　　〕を伐つことをやめた。

語句・句法

知識・技能

1 次の語の読み（送り仮名を含む）と意味を調べなさい。

p.178 ℓ.1　①敢へて

②諫む

ℓ.3　③沾す

④旦

p.179 ℓ.3　⑤罷む

2 次の文を書き下し文に改めなさい。

①秦不㆓敢ヘテ動カ㆒。

②何ゾ前《さき》ニハ倨《おご》リテ而後ニハ恭シキ也。

③嗚《あ》呼《あ》、哀シイ哉。

④善キ哉乎、鼓スルヤ㆑琴ヲ。

内容の理解

思考力・判断力・表現力

第一段落

1「敢有二諫者一死。」（一六・1）の意味を、次から選びなさい。

ア　どうしても諫めてほしい者は死を覚悟せよ。
イ　どうしても諫めようとする者は殺すぞ。
ウ　どうしても諫める者がいれば自殺するつもりだ。

〔　　〕

2「欲レ諫不レ敢。」（一六・2）の「諫」は、誰の何について諫めるというのか。十五字以内で答えなさい。（句読点は含まない）

3「如レ是者」（一六・3）の内容を本文中から抜き出し、初めと終わりの三字を書きなさい。（訓点不要）

〜

第二段落

4「何苦沾レ衣如レ此。」（一六・4）の意味を、次から選びなさい。

ア　どうしてわざとらしく着物をぬらすようなことをするのだ。
イ　どうしてわざわざ着物をぬらすためにそんなことをするのだ。
ウ　どうしてわざわざそんなことをして着物をぬらしているのだ。

〔　　〕

5「蟬高居悲鳴飲レ露、」（一六・5）は、蟬のどのような様子を表しているか。次から選びなさい。

ア　蟬が我がもの顔に樹上を行き来して、露を独占して飲む様子。
イ　蟬が生命の残り少ないのを悟り、露でのどをうるおす様子。
ウ　蟬が身の危険を思わず、露を飲むことに夢中になっている様子。

〔　　〕

6「此三者」（一七・1）とは何をさすか。次から選びなさい。

▼脚問1

ア　蟬と螳螂と黄雀。　イ　螳螂と黄雀と弾丸。
ウ　蟬と黄雀と弾丸。

〔　　〕

第二段落

7　a「蟬」、b「螳螂」、c「黄雀」について、①「前利」（一七・2）、②後ろの「患」（同）に相当するものを、それぞれ本文中から抜き出しなさい。（訓点不要）

▼脚問2

a　①〔　　〕　②〔　　〕
b　①〔　　〕　②〔　　〕
c　①〔　　〕　②〔　　〕

8　呉王にとっての①「前利」（一七・2）と、②後ろの「患」（同）を、それぞれ十五字以内で説明しなさい。

①

②

9「善哉。」（一七・3）に込められた呉王の気持ちを、次から選びなさい。

ア　そのとおりだが、諫めた以上殺さざるを得ないという気持ち。
イ　そのとおりに違いない、よく諫めてくれたという気持ち。
ウ　そのとおりに違いないが、何となく納得しがたい気持ち。

〔　　〕

10「罷二其兵一。」（一七・3）の意味を、次から選びなさい。

ア　荊に派遣する兵士を休ませた。
イ　荊から軍を引き上げた。
ウ　荊を伐つ戦をやめた。

〔　　〕

全体

11　呉王は少孺子の言葉から何を悟ったのか。三十字以内で答えなさい。

▼学習二

学習目標　前半の子罕の逸話と後半の論説とを読み、人にとっての宝とはどういうものかを捉える。

不レ若二人有一其宝一

教科書p.180～p.181

検印

展開の把握　思考力・判断力・表現力

○次の空欄に適語を入れて、内容を整理しなさい。

第一段落（初め～p.180 ℓ.5）	第二段落（p.180 ℓ.6～終わり）
宋人で〔ア　　〕を手に入れた者が、これを〔イ　　〕に献上したが、彼は受け取らなかった。そこで〔ウ　　〕を献上した者は、「これを〔エ　　〕に見せたところ宝玉だと認めたので、どうしてもと思い献上したのです。」と言った。すると〔オ　　〕は、「私は〔カ　　〕ことを宝としており、あなたは〔キ　　〕を宝としている。もしもそれを私にくれたら、どちらも〔ク　　〕を失うことになる。それぞれに〔ケ　　〕を持っているのがよろしい。」と言った。	だから宋の〔コ　　〕が次のように言っている。「〔サ　　〕は宝がないわけではなく、宝とするものが異なっているのだ。今、仮に、〔シ　　〕と〔ス　　〕とを子供に示すと、子供は必ず〔セ　　〕を取るだろう。〔ソ　　〕と〔タ　　〕とをつまらぬ人間に示すと、その人は必ず〔チ　　〕を取るだろう。〔ツ　　〕と「道徳の真実を語る言葉」とを〔テ　　〕に示すと、彼は必ず「道徳の真実を語る言葉」を取るだろう。その知が精であればあるほど、その取るものは〔ト　　〕であり、その知が〔ナ　　〕であればあるほど、その取るものは粗である。したがって、〔ニ　　〕が宝としているものは〔ヌ　　〕のものである。」と。

語句・句法　知識・技能

1 次の語の読み（送り仮名を含む）と意味を調べなさい。

p.180 ℓ.1 ①献ず〔　　〕〔　　〕
ℓ.3 ②貪る〔　　〕〔　　〕
③爾〔　　〕〔　　〕
p.181 ℓ.4 ④若し〔　　〕〔　　〕
ℓ.4 ⑤弥〔　　〕〔　　〕

2 次の文を書き下し文に改めなさい。

①若シ果タシテ行ハバレ此レヲ、其レ鄭《てい》国《こく》実ニ頼ランレ之ニ。〔　　〕

②百聞ハ不レ如カ二一見ニ一。〔　　〕

③不レ若カ二貧ニシテ而無キニレ屈スル。〔　　〕

④人非ズレ無キニ二遠慮一。〔　　〕

内容の理解

思考力・判断力・表現力

第一段落

1 「故敢献レ之。」（一八〇・3）の宋人の気持ちの表現として適当なものを、次から選びなさい。

ア 自分の大切な宝だが、快く献上する。
イ 天下有数の宝だから、自信をもって献上する。
ウ 自分の大切な宝だが、無理して献上する。

〔　　〕

2 「皆喪レ宝也。」（一八〇・4）のようになる理由として適当なものを、次から選びなさい。 ▼脚問1

ア 宋人は宝である玉を失い、子罕は貪らないという信念に反するから。
イ 宋人は宝である玉を失い、子罕は宝を取り上げた汚名が残るから。
ウ 玉人は鑑定した玉を失い、子罕は貪らないという信念に反するから。

〔　　〕

第二段落

3 「所レ宝者異也。」（一八〇・6）はどういうことか。主語を補って三十字以内で説明しなさい。

4 ①「児子必取二摶黍一矣。」（一八一・1）と、②「鄙人必取二百金一矣。」（同・2）の理由を、それぞれ三十字以内で答えなさい。

①

②

5 「賢者必取二至言一矣。」（一八一・3）の理由として適当なものを、次から選びなさい。

ア 賢者は生まれつき物質的に価値のあるものを嫌っているから。
イ 賢者は物質的なものより精神的に価値のあるものを求めるから。
ウ 賢者は常に自分の生き方について迷いを感じているから。

〔　　〕

第二段落

6 新傾向 「其知弥精、其取弥精。其知弥粗、其取弥粗。」（一八一・4）について、ある生徒がノートに次のようにまとめた。これについて、あとの問いに答えなさい。 ▼脚問2

意味：物事を〔　①　〕する力が〔　②　〕であればあるほど程度の高いものを求め、〔　③　〕であればあるほど程度の低いものを求める。

	最も精なるもの	最も粗なるもの
知	〔④〕	〔⑤〕
取	〔⑥〕	〔⑦〕

(1) 空欄①～③に入る語を、次の語群から選んで書きなさい。

語群：粗雑　精密　実行　認識　直観

①〔　　〕
②〔　　〕
③〔　　〕

(2) 空欄④～⑦に入る語を、それぞれ本文中から二字で抜き出しなさい。

④
⑤
⑥
⑦

全体

7 「至矣。」（一八一・5）とあるが、なぜそう言えるのか。子罕の考え方をふまえて、三十字以内で説明しなさい。

学習目標　父親が娘に伝えた計画の内容を理解し、父親の思惑の何が道理に合っていないのかを捉える。

宋人有㆓嫁㆑子者㆒

教科書 p.182〜p.183

検印

展開の把握　思考力・判断力・表現力

○次の空欄に適語を入れて、内容を整理しなさい。

第一段落（初め ～ p.182 ℓ.3）	第二段落（p.182 ℓ.4 ～ 終わり）
①〔ア〕の国の人で、自分の娘を〔イ〕させる者がいた。 ②その人が娘に言った言葉。 Ⅰ〔ウ〕しても、必ずうまくいくという〔エ〕。 Ⅱ家から出されるようなこともあるので、こっそり〔オ〕おかねばならない。 Ⅲそうして富んでおれば、〔カ〕しやすくなる。 ③娘は父親の〔キ〕に従って、こっそりと嫁ぎ先の家の物を盗んで蓄えていた。	①〔ク〕は、〔ケ〕が家の物を盗んでいることを知り、家から追い出してしまった。 ②娘の実父は、〔コ〕の間違いを認めずに、かえって自分の〔サ〕が当たったと考えた。 ③嫁ぎ先の家から追い出された場合のために〔シ〕おくことは知っていても、そのことが嫁ぎ先から追い出されてしまう〔ス〕となったことを知らなかった。 ←作者の批判 ④このような論は、なんと〔セ〕ことよ。

語句・句法　知識・技能

1 次の語の読み（送り仮名を含む）と意味を調べなさい。

p.182 ℓ.2 ①如し〔　〕〔　〕

②私かに〔　〕〔　〕

ℓ.3 ③復た〔　〕〔　〕

ℓ.5 ④反つて〔　〕〔　〕

⑤而れども〔　〕〔　〕

2 次の文を書き下し文に改めなさい。

①師ハ不㆔必ズシモ賢ナラ㆓於弟子㆒ヨリ。〔　〕

②智者ハ必ズ不㆑敗レ矣。〔　〕

③豈ニ意《おも》ハン哉、花開クコト已ニ七八分ナルトハ。〔　〕

④光陰ハ如㆑シ矢ノ。〔　〕

内容の理解　思考力・判断力・表現力

第一段落

1 「未㆓必成㆒也。」（一八二・1）について、次の問いに答えなさい。

(1) このような句形を何というか、記しなさい。〔　　〕

(2) ①この文の意味と、②「必不㆑成也。」という形になった場合の意味をそれぞれ答えなさい。

① 〔　　〕

② 〔　　〕

2 「如㆑出。」（一八二・2）における「出だす」と同じ意味の語句を、本文中から五字以内で抜き出しなさい。（訓点不要）　▼脚問1

3 「不㆑可㆑不㆓私蔵㆒。」（一八二・2）の意味を、次から選びなさい。

ア　こっそり蓄えておかねばならない。

イ　こっそり蓄えておくことはできまい。

ウ　こっそり蓄えておくことができるはずだ。　〔　　〕

4 「於㆓以復嫁㆒易。」（一八二・2）とは、要するにどういうことか。次から選びなさい。

ア　復讐する手立てになるということ。

イ　再婚する際に役立つということ。

ウ　離縁される心配がないということ。　〔　　〕

5 「父之計」（一八二・3）に対する、この文章の筆者の評価が凝縮されている語を、本文中から一字で抜き出しなさい。

6 「蔵㆑之。」（一八二・3）の「之」は、具体的に何をさしているか。簡潔に説明しなさい。

〔　　〕

第二段落

7 「其盗」（一八二・4）、「去㆑之。」（同）、「其父」（同）の、「其」「之」は、いずれも誰をさしているか、答えなさい。

〔　　〕〔　　〕

8 「不㆓自非㆒也、而反得㆓其計㆒。」（一八二・4）について、次の問いに答えなさい。

(1) ここからうかがえる、娘の実父の気持ちを、次から選びなさい。

ア　後悔　　イ　自省　　ウ　得意　〔　　〕

(2) 「非」であるということを、本文中では具体的にどのように説明しているか。五字で抜き出しなさい。（訓点不要）

(3) 「其計」の内容を四字でまとめて述べた部分を、第二段落中より四字で抜き出しなさい。（訓点不要）　▼脚問2

9 「知㆓為㆑出蔵㆑財、而不㆑知㆔蔵㆑財所㆓以出㆒也。」（一八二・5）から、娘の実父に関して、どのようなことが読み取れるか。次から選びなさい。

ア　夫婦の愛情より、経済的裕福さのほうを重視していた。

イ　娘が嫁ぎ先から帰って来るのをひそかに願っていた。

ウ　嫁ぎ先から追い出されないためにどうすべきかがわからなかった。　〔　　〕

全体

10 この文章の主題として適当なものを、次から選びなさい。　▼学習三

ア　災禍を招くのは、人間の醜い欲望が原因である。

イ　災禍への対処法が、逆に災禍の原因になることがある。

ウ　災禍を招かぬためには、広い視野を持つことが必要だ。　〔　　〕

学習目標　登場人物の描写を読み解くことを通して、戦乱の時代を生きた人々の人物像を捉える。

鴻門之会

教科書 p.186～p.195

検印

展開の把握

思考力・判断力・表現力　▼学習一

○次の空欄に適語を入れて、内容を整理しなさい。

項羽、大いに怒る（初め ～ p.188 ℓ.3）	〔ア　　〕の率いる楚軍は秦の地を攻め下して〔イ　　〕に到着したが、関所は封鎖されていた。さらに、〔ウ　　〕が咸陽を攻め破ったと聞き、〔エ　　〕は大いに怒り、当陽君らに関所を攻撃させた。	
	〔オ　　〕の密告	沛公が〔カ　　〕の地で王になろうとしているという密告を聞き、項羽は〔キ　　〕を討つ決意をする。
	〔ク　　〕の忠告	沛公には今や天下を取る〔ケ　　〕が感じられ、また沛公の上に立ちのぼる〔コ　　〕からは、天下を取る資格もうかがえると、同じく天下統一をねらう〔サ　　〕に沛公を取り逃がすなと説く。
剣の舞（p.188 ℓ.9 ～ p.190 ℓ.5）	〔シ　　〕の謝罪	〔ス　　〕に陣する項羽を訪れ、敵対する意思のないことを告げる。それを聞き、項羽は心を和らげた。
	〔セ　　〕の合図	酒宴の最中、〔ソ　　〕は〔タ　　〕に沛公を殺すよう何度も合図を送るが、〔チ　　〕は応じない。
	〔ツ　　〕と項伯の剣舞	〔テ　　〕は〔ト　　〕を呼び、剣舞を装い沛公を撃たせようとするが、項伯が沛公をかばった。
		危険を察した〔ナ　　〕は、軍門の外で待つ樊噲を呼びに行

語句・句法

知識・技能

1 次の語の読み（送り仮名を含む）と意味を調べなさい。

出典	語	読み	意味
p.187 ℓ.1	①又	〔　　〕	〔　　〕
ℓ.3	②遂に	〔　　〕	〔　　〕
p.189 ℓ.1	③今者	〔　　〕	〔　　〕
ℓ.4	④因りて	〔　　〕	〔　　〕
	⑤与に	〔　　〕	〔　　〕
ℓ.9	⑥人と為り	〔　　〕	〔　　〕
ℓ.10	⑦若	〔　　〕	〔　　〕
p.190 ℓ.1	⑧不者ずんば	〔　　〕	〔　　〕
ℓ.3	⑨請ふ	〔　　〕	〔　　〕
p.192 ℓ.6	⑩故らに	〔　　〕	〔　　〕
p.193 ℓ.6	⑪方に	〔　　〕	〔　　〕
ℓ.8	⑫乃ち	〔　　〕	〔　　〕

樊噲、頭髪上指す（p.190 ℓ.6 ～ p.193 ℓ.1）	張良と樊噲の話	く。樊噲は（　ニ　）を救おうと剣と盾を持ち、遮る番兵を突き倒す。
	樊噲の気迫	宴席に躍り込んだ樊噲は（　ヌ　）をにらみつけ、気迫で圧倒する。
	（　ネ　）の熱弁	樊噲は、沛公が一番に秦を破って（　ノ　）を陥落させるという手柄を立てたのに、報償を与えられないばかりか殺されそうになるのは理に合わないと熱弁をふるう。（　ハ　）は折をみて樊噲と座をはずした。
沛公、虎口を脱す（p.193 ℓ.2 ～ 終わり）	沛公と樊噲の相談	（　ヒ　）は別れの挨拶をせずに去ることを気にかけるが、樊噲から（　フ　）の前の小事であるとたしなめられる。
	後事の依頼	樊噲の意見を聞き入れた沛公は、そのまま脱出することにし、後事を（　ヘ　）に託す。
	沛公の脱出	沛公は（　ホ　）も騎兵も残したまま、身一つで自陣のある（　マ　）まで逃げ帰る。
	范増の激怒	張良は沛公の去ったことを告げ、項羽と（　ミ　）に贈り物を献上する。項羽は璧を受け取るが、（　ム　）は贈られた玉斗を剣で割って悔しさを表した。
	脱出後の沛公	沛公は陣に帰ると、裏切った（　メ　）を殺した。

2 次の文を書き下し文に改めなさい。

① 王大イニ怒リ、使三メントス人ヲシテ殺二サ中射之士一ヲ。

② 未レダ解レセ憶《おも》二フヲ長安一ヲ。

③ 己ノ所レハ不レル欲セ、勿レカレ施二スコト於人一ニ。

④ 何ヲ以ツテ知二ル其ノ然一ルヲ邪《や》。

⑤ 嘗テ遊レビ楚ニ、為二ル楚ノ相ノ所一レト辱ムル。

⑥ 死馬スラ且ツ買レフ之ヲ。況《いは》ンヤ生ケル者ヲ乎《や》。

⑦ 牛安クニカ之《ゆ》ク。

内容の理解

項羽、大いに怒る

思考力・判断力・表現力

1 「有レ兵守レ関、不レ得レ入。」（一八七・1）について、次の問いに答えなさい。

(1) 「兵」とは誰の兵か。書きなさい。【　　】

(2) 「不レ得レ入。」の主語は誰か。書きなさい。【　　】

2 「左司馬曹無傷」（一八七・5）は、なぜ主君である沛公の悪口を項羽の耳に入れたのか。その理由として適当なものを、次から選びなさい。

ア　沛公のやり方があまりに残忍で、臣下として耐えられないから。

イ　項羽が天下をとると予想し、将来重用されようとしたから。

ウ　曹無傷と子嬰はライバルであり、子嬰を失脚させようとしたから。【　　】

3 「財物無レ所レ取、婦女無レ所レ幸。」（一八八・1）について、次の問いに答えなさい。

(1) 対照的な表現を教科書一八七ページから八字以内で抜き出しなさい。（訓点不要）

(2) 沛公の態度が以前と変わったことを、范増はどのように捉えているか。次から選びなさい。

ア　沛公は、天下をねらう大きな志を持っている。

イ　沛公は、以前の自分の行動を深く反省している。

ウ　沛公は欲望を捨て去り、隠者となるつもりである。【　　】

4 「竜虎」（一八八・2）とは、何の象徴か。本文中から一語で抜き出しなさい。（訓点不要）【　　】

剣の舞

5 「臣」（一八八・11）、「将軍」（同）とは、それぞれ誰のことか、答えなさい。

臣【　　】　将軍【　　】

6 「不二自意一、」（一八八・12）の内容にあたる箇所の初めと終わりの二字を抜き出しなさい。（訓点不要）

【　　】～【　　】

7 ①「不レ然、」（一八九・3）の「然」、②「至レ此。」（同）の「此」は何をさすか。それぞれ次から選びなさい。

ア　沛公が咸陽を攻め破ったこと。

イ　項羽が沛公を討とうとしたこと。

ウ　曹無傷が項羽に密告したこと。

①【　　】②【　　】

8 新傾向 「項王」（一八九・4）以下の席の位置はどのようか。左の図の①～④にあたる人名を書きなさい。 ▼脚問3

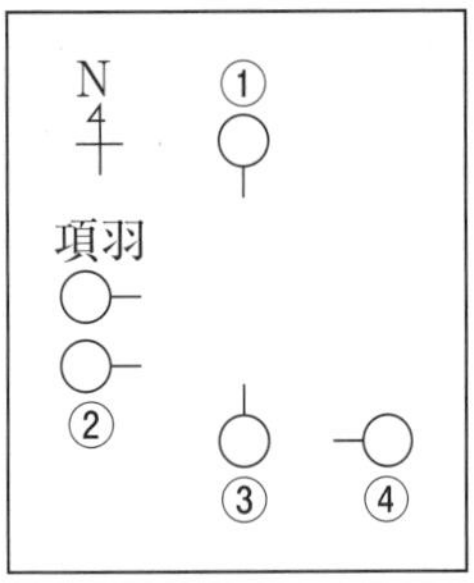

①【　　】②【　　】③【　　】④【　　】

9 ①「項荘」（一九〇・3）と②「項伯」（同・4）は同じように剣を持って舞っているが、それぞれの剣舞の意図は何か。次から選びなさい。

ア　自分の体を盾にして、沛公の命を守るため。

イ　項羽と和解した沛公を盛大に歓待するため。

ウ　沛公に近づいて、沛公を暗殺するため。

①【　　】②【　　】

樊噲、頭髪上指す

10 ①「其意」(一九〇・9)の「其」、②「与レ之」(同・10)の「之」は、それぞれ誰をさしているか、答えなさい。

①〔　　〕②〔　　〕

11 「頭髪上指」(一九一・3)と同様の心情を表した言葉を四字で抜き出しなさい。(訓点不要)

12 「虎狼之心」(一九二・1)とはどのような心か。次から選びなさい。

ア　勇猛な心　イ　ずる賢い心　ウ　残忍な心

〔　　〕

13 ①「大王」(一九二・6)、②「有功之人」(同・8)とは誰のことか。また、③「細説」(同・8)とは誰の発言をこう言ったのか、答えなさい。

①〔　　〕②〔　　〕③〔　　〕

14 「此亡秦之続耳。」(一九二・8)について、次の問いに答えなさい。

(1)「此」の内容を端的に表現した部分を、本文中から七字以内で抜き出しなさい。(訓点不要)

(2)樊噲はどのようなことを言おうとしているのか。次から選びなさい。

ア　滅んだ秦の二の舞になると項羽を非難している。
イ　秦を越えることはできないと不満を表している。
ウ　項羽に対して秦を滅ぼす良策を進言している。

〔　　〕

15 「未レ有二以応一。」(一九二・9)とはどのような様子か。次から選びなさい。 ▼脚問8

ア　横暴な発言に立腹した様子。
イ　褒美を与えようと考える様子。
ウ　批判に反論できずにいる様子。

〔　　〕

沛公、虎口を脱す

16 「大行不レ顧二細謹一、」(一九三・5)の①「大行」、②「細謹」は何にあたるか。それぞれ次から選びなさい。

ア　別れの挨拶をすること。　イ　項羽と同盟を結ぶこと。
ウ　天下を統一すること。

①〔　　〕②〔　　〕

17 「何辞為。」(一九三・6)は倒置形である。普通の語順に改めなさい。(返り点・送り仮名不要)

〔　　〕

18 ①「大将軍」(一九五・1)、②「豎子」(同・4)、③「之」(同・6)は、それぞれ誰をさしているか、答えなさい。

①〔　　〕②〔　　〕③〔　　〕

19 亜父が「抜レ剣撞而破レ之」(一九五・4)した理由を、次から選びなさい。

ア　土産を献上する張良の態度が気にくわなかったから。
イ　項羽への土産より自分への土産の価値が低かったから。
ウ　項羽が自分の意見を聞かず、沛公を取り逃がしたから。

〔　　〕

20 亜父が「不レ足二与謀一。」(一九五・4)と言った理由を、次から選びなさい。

ア　項羽が虎狼の心を持つから。　イ　項羽の決断が甘いから。
ウ　沛公が無礼な行いをしたから。

〔　　〕

全体

21 「鴻門之会」で①項羽、②沛公はどのような人物として描かれているか。それぞれ次から選びなさい。 ▼学習二

ア　単純で激しやすく、情勢を判断する力が弱い人物。
イ　部下の意見も聞き、情勢を判断する力を持つ人物。
ウ　強い武力を持ち、部下に対してやさしく接する人物。

①〔　　〕②〔　　〕

学習目標　追い詰められていく項王の心境を読み取る。

四面楚歌

教科書 p.196～p.201

検印

展開の把握　思考力・判断力・表現力

○次の空欄に適語を入れて、内容を整理しなさい。

時　利あらず		項王の最期	
第一段落（初め ～ p.197 ℓ.5）	第二段落（p.198 ℓ.1 ～ p.198 ℓ.9）	第三段落（p.199 ℓ.9 ～ p.200 ℓ.6）	第四段落（p.200 ℓ.7 ～ 終わり）
垓下の城中	最後の酒宴	ク〔　　　〕との会話	項羽の自刎
〔ア　　〕の会から四年、〔イ　　〕の率いる楚軍は垓下に追い詰められ、漢軍と〔ウ　　〕の兵にすっかり包囲された。夜になると、漢軍から〔エ　　〕の地方の歌が聞こえてきたので〔オ　　〕は驚愕《きょうがく》し、自らの敗北を深く自覚した。	夜中に、項羽は最後の酒宴を開く。自ら〔カ　　〕を作り、こたえて〔キ　　〕も歌った。これは項羽の辞世の歌となる。項羽は涙を流し、そばについている部下たちも皆泣いた。	項羽は部下とともに垓下を脱出し、〔ケ　　〕にたどり着く。〔コ　　〕が船を用意していて、項羽に故郷の〔サ　　〕に逃れるよう勧める。しかし、項羽は自分だけが生きて帰ることを恥じ、亭長に愛馬〔シ　　〕を贈り、亭長の厚意を辞退した。	項羽は僅かな部下とともに、〔ス　　〕に対して接近戦を挑む。奮戦するが、項羽も傷を負った。昔なじみの〔セ　　〕が漢軍に参加していることに気づいた項羽は、せめて報奨を旧友にやろうと、自ら〔ソ　　〕を切り、死んだ。

語句・句法　知識・技能

1 次の語の読み（送り仮名を含む）と意味を調べなさい。

p.198 ℓ.2 ①幸す〔　　〕〔　　〕

ℓ.8 ②左右〔　　〕〔　　〕

ℓ.9 ③莫し〔　　〕〔　　〕

p.200 ℓ.2 ④縦ひ〔　　〕〔　　〕

p.201 ℓ.2 ⑤為に〔　　〕〔　　〕

2 次の文を書き下し文に改めなさい。

①怠惰之冬日ハ、何ゾ其レ長キ也。
〔　　〕

②少壮幾時ゾ兮奈レ老イヲ何セン。
〔　　〕

③今人ハ独リ知ルノミレ愛スルヲ二其ノ身ヲ一。
〔　　〕

④独リ畏レン二廉将軍ヲ一哉。
〔　　〕

内容の理解

思考力・判断力・表現力

1 「囲レ之」（一九七・3）の「之」は何をさすか。本文中の語句を抜き出しなさい。（訓点不要）

【　　】

2 「是何楚人之多也。」（一九七・4）から項羽の驚きと落胆がうかがえるが、それは何に起因する心情か。次から選びなさい。

ア　楚人は大勢いるのに全く役に立たないこと。
イ　信頼していた楚人に裏切られてしまったこと。
ウ　沛公の率いる漢軍が大勢で攻めてきたこと。

【　　】

3 「項王則夜起飲二帳中一。」（一九八・1）は、何をするためか。次から選びなさい。

ア　虞美人や側近を交えて決別の宴を催すため。
イ　沛公や楚人と和睦を結ぶ会合を開くため。
ウ　脱出路を探る偵察部隊を出陣させるため。

【　　】

4 「常幸従。」（一九八・1）は、文意上受身で読んでいるが、受身の助字と主語・補語を補うと次のようになる。この文を書き下し文に改めなさい。

常ニ虞見レテ幸セ二項王ニ一従フ。

【　　】

5 項羽の詩（一九八・4〜7）について、次の問いに答えなさい。

(1) この詩の形式を書きなさい。

【　　】

(2) 第一句から生まれた成語「抜山蓋世」の意味を次から選びなさい。

ア　天下を武力で治めてゆくこと。
イ　運命に翻弄されること。
ウ　力も気力も抜きんでて強いこと。

【　　】

(3) 項羽は自分の敗北の原因は何だと考えているか。詩中から三字以内で抜き出しなさい。（訓点不要）

【　　】

項王の最期

6 「亦足レ王也。」（一九九・12）の意味として適当なものを、次から選びなさい。

ア　もう一度王としての満足感を味わえます。
イ　この地も同様に王になるのに十分な場所です。
ウ　王になる人材が不足していつも困っています。

【　　】

7 「項王笑曰、」（一九九・13）の「笑」とはどのような笑いか。次から選びなさい。　▼脚問3

ア　漢軍に対して自分の力を誇示する高笑い。
イ　江東の父兄に対して軽蔑を表した冷笑。
ウ　運命に対する自嘲めいた諦めの笑い。

【　　】

8 「縦彼不レ言、」（二〇〇・3）とは、①誰が、②どのようなことについて「不レ言」というのか。本文中からそれぞれ四字で抜き出しなさい。（訓点不要）

①【　　】　②【　　】

9 項王が江東に渡ろうとしなかったのは、どのような思いからか。二つ挙げ、解答欄に合うようにそれぞれ二十五字以内で書きなさい。　▼学習二

【　　】との思い。

【　　】との思い。

全体

10 「四面楚歌」の現在使われている意味を書きなさい。

【　　】

学習目標　儒家の古典である『孟子』を読み、孟子の思想について理解する。

孟子

教科書 p.204～p.205

検印

展開の把握

思考力・判断力・表現力

○次の空欄に適語を入れて、内容を整理しなさい。

仁人心也 (p.204 ℓ.1 ～ p.204 ℓ.5)	民父母 第一段落 (p.204 ℓ.6 ～ p.205 ℓ.2)	第二段落 (p.205 ℓ.3 ～ p.205 ℓ.8)
①〔ア　〕は人の本〔イ　〕であり、〔ウ　〕は人の踏むべき正道である。 ②しかし、人は自分の飼っている〔エ　〕や〔オ　〕が逃げ出したときには、それらを捜すことを知っているが、逃げ出した〔カ　〕を捜すことは知らない。 ③〔キ　〕の道は、この失った本〔ク　〕を捜し求めることにあるのみだ。	①人を殺すのに、杖や〔ケ　〕物で殺すのと〔コ　〕で殺すのとに違いはない。	②王の調理場には〔サ　〕があり、厩には〔シ　〕がいるが、〔ス　〕は飢えている。 ③これは、〔セ　〕を引き連れて〔ソ　〕を食べさせるのと同じだ。 ④〔タ　〕が互いに食い合うことで〔チ　〕、人は嫌がるものだ。 ⑤王は、民の〔ツ　〕とも言うべき立場で〔テ　〕を行うべきであるのに、これではその資格はない。 ⑥〔ト　〕は言われた、「死者とともに墓に埋める〔ナ　〕を最初に作った者は、きっと〔ニ　〕が絶えてしまうだろう。」と。 ⑦それは〔ヌ　〕に似せて作って死者とともに埋葬するのに用いた不仁な思いつきを憎まれたのである。 ⑧ましてや、生きている〔ネ　〕を〔ノ　〕させるようなことがあれば、決して許されるものではない。

語句・句法

知識・技能

1 次の語の読み（送り仮名を含む）と意味を調べなさい。

p.204 ℓ.3	①由る	〔　〕	〔　〕
ℓ.4	②而も	〔　〕	〔　〕
ℓ.5	③而已矣	〔　〕	〔　〕
ℓ.7	④寡人	〔　〕	〔　〕
p.205 ℓ.7	⑤象る	〔　〕	〔　〕

2 次の文を書き下し文に改めなさい。

①其ノ人弗レル言ハ也。
〔　　〕

②今無二シ一人ノ還ル者一。
〔　　〕

③不レル害二セ苗ノ長一ズルヲ而已。
〔　　〕

④悪クンゾ能ク飲二マン一石ヲ一乎。
〔　　〕

内容の理解

思考力・判断力・表現力

〔仁人心也〕

1 本文全体の構成について、次の問いに答えなさい。

(1) 起承転結に分けた場合、どこで、どのような内容で区切ればよいか。次の空欄①～⑦には本文中の語句（訓点不要）を、空欄⑧～⑪には適語を補って答えなさい。 ▼学習一

（起）仁人 ～① ＿＿ 人間の⑧〔　　〕提示。

（承）② ＿＿ ～③ ＿＿ 嘆かわしい⑨〔　　〕説明。

（転）④ ＿＿ ～⑤ ＿＿ ⑩〔　　〕による現状例示。

（結）⑥ ＿＿ ～⑦ ＿＿ ⑪〔　　〕の目的→結論。

(2) 対句を軸にして図式化した次の空欄①～⑩に、本文中の語句を補いなさい。（訓点不要）

① ＿＿ → ③ ＿＿

② ＿＿ → ④ ＿＿

哀哉。

具体例←

人

⑤ ＿＿ 則ち⑦ ＿＿

⑥ ＿＿ 而も⑧ ＿＿

結論←

⑨ ＿＿ の目的＝⑩ ＿＿

2 「仁人心也。義人路也。」（三四・2）から、「仁」と「義」との関係の説明として適当なものを、次から選びなさい。

ア　仁は心に重点があり、義は行動の基準である。

イ　仁こそが根本であり、義は仁に付随するものである。

ウ　心と路は同義であり、仁と義とは不可分である。　〔　　〕

3 「弗㆑由」（三四・3）の、ここでの意味と同じ「由」を含む熟語を、次から選びなさい。

ア　理由　イ　由緒　ウ　経由　〔　　〕

4 「人有㆓鶏犬放㆒、則知㆑求㆑之。」（三四・3）というたとえにこめられている人間の本性を、次から選びなさい。

ア　命あるものへの執着心を捨て切れないでいる。

イ　平和な暮らしを何としてでも守ろうとする。

ウ　物質的欲望が先行し、心の問題を軽視する。　〔　　〕

5 「有㆓放心㆒而不㆑知㆑求。」（三四・4）について、次の問いに答えなさい。

(1) 「而」と同じはたらきをしているものを、次から選びなさい。

ア　折㆑頸而死。

イ　視而不㆑見。

ウ　舎㆓其路㆒而弗㆑由。　〔　　〕

(2) 人はなぜ「放心」を求めないのか。十五字以内で説明しなさい。

6 孟子にとって「学問」とは何を追求するためのものなのか。本文中の一語（一字）で答えなさい。 ▼脚問2

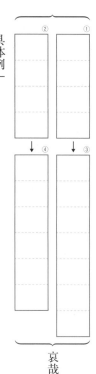

〔民父母〕

第一段落

1 「与ㇾ刃、」（二〇五・1）「与ㇾ政、」（同・2）の「刃」「政」の直前に共通して省略されている語（一字）を記しなさい。〔　　〕

2 「梃」と「刃」から、「刃」と「政」へという手順による孟子の問いかけの効果について説明した次の文の空欄に、適語を補いなさい。▼学習一

「〔①〕」と「政」とをすぐに結び付けることには、王として抵抗感があるだろうから、まず軽いもの「〔②〕」を持ち出すことによって、〔③〕が人を殺すということを、王自身の口から言わせるように巧みに〔④〕している。

①〔　　〕 ②〔　　〕 ③〔　　〕 ④〔　　〕

第二段落

3 「庖有……餓莩。」（二〇五・3〜4）の中から、宮中と世間一般との生活の違いを端的に示す文字を抜き出して対応させなさい。

宮中〔　〕↔世間〔　〕・〔　〕

4 王室だけが裕福で、民衆は生活苦にあえいでいることを、比喩によって表現している部分を本文中から五字で抜き出しなさい。（訓点不要）〔　　　　　〕

5 「獣相食、且人悪ㇾ之。」（二〇五・4）という抑揚形は、何を強調するための表現か。次から選びなさい。

ア　人が人を殺すことがいかに憎むべきふるまいであるかということ。
イ　獣同士が殺し合うことは絶対に防がねばならないということ。
ウ　人が獣を殺すのは残酷極まりない行為であるということ。〔　　〕

6 「悪在其為二民父母一也。」（二〇五・6）の意味するところを次から選びなさい。

ア　民の父母のような存在にならなければいけないということ。
イ　民の父母のような存在になるためにどうすればよいかということ。
ウ　民の父母のような存在である資格はないということ。〔　　〕

第二段落

7 「用ㇾ之」（二〇五・7）とは、具体的に、何をどのように用いたのか。十五字以内で説明しなさい。〔　　　　　　　　　　　　　　　〕

8 孔子の言葉を引用した意図について説明した次の文の空欄に適語を補いなさい。

〔①〕を埋めるのでさえ非情なのだから、まして、〔②〕を餓死させるような〔③〕をするのは、民の〔④〕であるべき〔⑤〕として、決して許されるものではない。

①〔　　〕 ②〔　　〕 ③〔　　〕 ④〔　　〕 ⑤〔　　〕

9 新傾向 「如ㇾ之何、其使二斯民飢而死一也。」（二〇五・7）についての次の生徒の会話を読んで後の問いに答えなさい。▼脚問5

生徒A：この文中の「民」と対応する語は、「〔A〕」だね。
生徒B：そうだね。「〔A〕」を作ったことさえ孔子に批判されることなのだから、まして〔B〕。」が、孟子の考えだね。

(1) 空欄Aに入る語を一字で答えなさい。〔　〕

(2) 空欄Bに入る内容を、「餓死」という言葉を使って書きなさい。〔　　　　〕

全体

10 孟子の言う、民の父母として人々を慈しむ理想の政治を何というか。次の空欄に適語を補って答えなさい。

〔　　〕政治

老子

教科書 p.206～p.207

検印

展開の把握

思考力・判断力・表現力

○次の空欄に適語を入れて、内容を整理しなさい。

〔柔弱〕

第一段落	①人は生まれたとき、身体は〔ア　〕だが、死ぬと、〔イ　〕になる。 ②〔ウ　〕が生えるときには〔エ　〕だが、死ぬと〔オ　〕。 ③だから、〔カ　〕なるものは死の仲間であり、〔キ　〕なるものは生の仲間である。
第二段落	①こういうわけで、〔ク　〕が強いと勝てず、〔ケ　〕も強いと風に折られる。 ②〔コ　〕なるものは下に位置し、〔サ　〕なるものは上に位置する。

〔百谷王〕

第一段落	①大江や大海が百もの谷の〔シ　〕でいられる理由は、それが多くの谷よりも、〔ス　〕い所に位置しているからである。 ②だから、〔セ　〕は、〔ソ　〕の上に立って治め、先に立ってゆこうとすれば必ずへりくだる。
第二段落	①だから〔タ　〕は、〔チ　〕が〔ツ　〕にいても〔テ　〕と感じないし、前にいても〔ト　〕とは思わないのである。 ②そのため、〔ナ　〕の人々は、喜んで聖人を〔ニ　〕におしいただき、嫌がることはない。 ③聖人は人と〔ヌ　〕ので、天下に〔ネ　〕と〔ノ　〕ことができる者はいなくなるのである。

語句・句法

知識・技能

1 次の語の読み（送り仮名を含む）と意味を調べなさい。

① 故に（p.206 ℓ.4）〔　〕〔　〕

② 是を以って（ℓ.6）〔　〕〔　〕

③ 所以（p.207 ℓ.2）〔　〕〔　〕

④ 善く〔　〕〔　〕

⑤ 厭ふ（ℓ.6）〔　〕〔　〕

2 次の文を書き下し文に改めなさい。

① 其ノ為レリ人ト也、良シ矣。〔　〕

② 法令ハ所二以導一レク民ヲ也。〔　〕

③ 欲レスレドモ行カントレ不レ能ハ。〔　〕

④ 是ヲ以ツテ後世無レシ伝フル焉。〔　〕

内容の理解

思考力・判断力・表現力

〔柔弱〕

第一段落

1 本文中で対立概念として使用されている語（二字）を抜き出しなさい。

[　　]↔[　　]

2 「人之生也柔弱。」（二〇六・2）の意味を、次から選びなさい。

ア　生まれたばかりの赤ん坊の身体が柔らかいこと。

イ　人間は生まれつき軟弱な性質をもっていること。

ウ　人間は生きている限り弱い存在であること。

〔　　〕

3 「是以」（二〇六・6）とほぼ同じ意味の語（一字）を本文中から抜き出しなさい。

[　　]

第二段落

4 「兵強則不レ勝」（二〇六・6）の理由は何か。次から選びなさい。　▼脚問1

ア　強力な兵器より粗末な兵力で戦うほうが勝ち目があるから。

イ　強力な兵力を頼みにして戦争をすれば、国は滅んでしまうから。

ウ　武力を強力に整備しないまま戦争をするのは無謀だから。

〔　　〕

5 「木強則折。」（二〇六・6）の理由を簡潔に説明しなさい。

〔　　〕

6 「柔弱処レ上。」（二〇六・7）とはどういうことか。次の説明文の空欄に適語を補って答えなさい。

柔弱なものは、結局は〔　　〕ので上に位置することになる。

〔百谷王〕

第一段落

1 「江海所三以能為二百谷王一者、」（二〇七・2）について、次の問いに答えなさい。

(1) ここでの「所以」と同じ意味の「所以」を含むものを、次から選びなさい。

ア　目ハ所二以視一ル也。

イ　刑罰ハ所二以禁一レズル姦ヲ也。

ウ　天下所二以ノ治一ムル者ハ何ゾ也。

〔　　〕

(2) どういうことをたとえているのか。次から選びなさい。

ア　聖人の徳を慕って多くの人民が集まってくること。

イ　為政者が権力によって民を支配下に治めること。

ウ　強大な武力を持つ者が、近隣諸国を制すること。

〔　　〕

2 「以二其言一下レ之。」（二〇七・3）、「以二其身一後レ之。」（同・4）について、

(1) 「其」と「之」はそれぞれ何をさすか、答えなさい。

其〔　　〕　之〔　　〕

(2) 「下レ之」、「後レ之」とは、どういう態度を意味するか。二字の熟語で答えなさい。

[　　]

3 老子の言う「聖人」（二〇七・3）とは、どのような人か。次の空欄に四字熟語を補って答えなさい。

[　　　　]の道を体得した人

第二段落

4 「処レ上而民不レ重、処レ前而民不レ害」（二〇七・5）の「而」の文法的はたらきは何か、答えなさい。

〔　　〕

5 「以二其不一レ争、故天下莫三能与レ之争二。」（二〇七・6）について、

(1) 「其」と「之」がさす語を本文中から抜き出しなさい。（訓点不要）

〔　　〕

(2) この一文から、王についての世間の認識はどのようなものだったと言えるか。「王というのは、」という書き出しで簡潔に述べなさい。

〔　　〕

荘子

教科書 p.208〜p.209

検印

展開の把握　思考力・判断力・表現力

○次の空欄に適語を入れて、内容を整理しなさい。

〔鵷得二腐鼠一〕

① 〔　ア　〕が梁の宰相になり、〔　イ　〕は行って会おうとした。

② ある人が〔　ウ　〕に、「〔　エ　〕があなたの地位を奪おうとしている。」と言ったので、〔　オ　〕は三日三晩〔　カ　〕を捜索し続けた。

恵子に会った荘子の言葉

① 〔　キ　〕という鳥は、〔　ク　〕でなければ止まらず、〔　ケ　〕でなければ食べず、〔　コ　〕でなければ飲まない。

② 鴟が〔　サ　〕を手に入れたところへ〔　シ　〕が通りかかった。鴟は〔　ス　〕を「くわっ。」と威嚇した。

③ 今あなた（＝〔　セ　〕）は、梁国の宰相の地位を奪われはしまいかと恐れて、わたし（＝〔　ソ　〕）を威嚇しようとするのかね。

〔蝴蝶之夢〕

荘周の夢

① かつて、荘周は自分が〔　タ　〕になった〔　チ　〕を見た。

② 楽しくて自分が〔　ツ　〕であることがわからない。

③ にわかに〔　テ　〕から覚めてみると、驚いている〔　ト　〕である。

① 自分が〔　ナ　〕で〔　ニ　〕になったのか、〔　ヌ　〕が〔　ネ　〕で荘周になったのかがわからない。

② しかし、荘周と蝴蝶とは必ず〔　ノ　〕があるはずだ。

③ これをこそ〔　ハ　〕のきわまりない〔　ヒ　〕というのである。

語句・句法　知識・技能

1 次の語の読み（送り仮名を含む）と意味を調べなさい。

p.208 ℓ.5	① 夫れ	
ℓ.6	② 非ず	
p.209 ℓ.2	③ 嚇す	
ℓ.4	④ 昔者	
ℓ.5	⑤ 適ふ	

2 次の文を書き下し文に改めなさい。

① 非ザレバ二其ノ君一ニ、不レ仕ヘ。

② 是レ魯ノ孔丘与。《疑問》

③ 夫レ天地者万物ノ逆旅ニシテ而、

④ 逝クハ者如レキ斯クノ夫。《感嘆》

内容の理解

思考力・判断力・表現力

全体

〔鵷得二腐鼠一〕

1「恵子恐」（二〇八・3）について、恵子が恐れた内容に相当する部分を本文中から抜き出しなさい。（訓点不要） ▼脚問1
〔　　　　〕

2 前問**1**の恵子の様子を見て荘子が抱いた気持ちを、次から選びなさい。
ア 驚愕　イ 軽蔑　ウ 悲嘆
〔　〕

3「乎」（二〇八・5）と同じはたらきをしている助字を、本文中から一字で抜き出しなさい。（訓点不要）
□

4「非二梧桐一不レ止、非二練実一不レ食、非二醴泉一不レ飲。」（二〇八・6）について、
(1)「鵷鶵」がどんな鳥であることを表しているか。次から選びなさい。
ア 食物を物色してまわる貪欲な鳥。
イ 多くの食物を必要とする大きな鳥。
ウ 粗末な食物には目もくれぬ気高い鳥。
〔　〕
(2)「梧桐」「練実」「醴泉」と対照的な語を、本文中から抜き出しなさい。（訓点不要）
〔　　　　〕

5「仰而視レ之曰、『嚇。』」（二〇九・1）について、次の問いに答えなさい。
(1)「之」のさす語を本文中から抜き出しなさい。（訓点不要）
〔　　　　〕
(2)「嚇。」という声をあげた理由を二十五字以内で説明せよ。

全体

6 荘子の言葉の中で、次の語はそれぞれ何をたとえているか、答えなさい。 ▼脚問2
鴟〔　　　　〕
鵷鶵〔　　　　〕
腐鼠〔　　　　〕

7 この話に込められている寓意を、次から選びなさい。
ア 何の価値もない富貴を求め、それに執着している俗人の滑稽さ。
イ 己の能力の不足を棚にあげて、他者を非難する為政者への嫌悪。
ウ 他者を疑うことで自分の地位を守ろうとする者の哀れさ。
〔　〕

全体

〔蝴蝶之夢〕

1 本文を二つの段落に分けた場合、最初の段落はどこまでか。末尾の二字を抜き出しなさい。（訓点不要）
□□

2「不レ知、周之夢為二蝴蝶一与、蝴蝶之夢為レ周与。」（二〇九・6）について、次の問いに答えなさい。
(1)「不レ知」は、どこまでかかるか。末尾の二字を抜き出しなさい。（訓点不要）
□□
(2) このときの荘周の状態を表す語を、次から選びなさい。
ア 混沌　イ 画然　ウ 均一
〔　〕

3「周与二蝴蝶一、則必有レ分矣。」（二〇九・7）とあるが、「有レ分」という一般的な観念を、荘周はどう捉えているのか。適当な二字の熟語で答えなさい。
□□

4 荘周の考える理想的な生き方として適当なものを、次から選びなさい。
ア 変化に応じてその時々の状況を楽しむ。
イ 周囲の変化に惑わされず、自己の主張を貫く。
ウ あらゆる事象・状況を分析し、違いを明確にする。
〔　〕

学習目標 法家の古典である「韓非子」を読み、韓非の思想について理解する。

韓非子

教科書p.210～p.211

検印

展開の把握

思考力・判断力・表現力

○次の空欄に適語を入れて、内容を整理しなさい。 ▼学習一

第一段落	第二段落
①〔ア　〕は王たることの根本であり、〔イ　〕は民を愛する政治の初めだ。 ②そもそも〔ウ　〕の本性は、〔エ　〕を嫌がり〔オ　〕を好むものだ。 ③だから〔カ　〕が行われないと、〔キ　〕を挙げることは期待できない。 ④〔ク　〕を整備するにも古い方法を変えねば、〔ケ　〕の乱れは防げない。	①民を治めるのに〔コ　〕の方法はない。治められればそれが〔サ　〕だ。 ②法も政治も〔シ　〕とともに移れば、世は治まり、〔ス　〕は上がる。 ③民心が〔セ　〕だった時代には、仁義という〔ソ　〕で治まった。 ④〔タ　〕が発達した現代では、〔チ　〕で引き締めれば、民は従う。 ⑤〔ツ　〕が変化しているのに法も禁令も変わらないでいると、〔テ　〕は敵国に削り取られてしまう。 ⑥だから、〔ト　〕が民を治めるときは、〔ナ　〕は〔ニ　〕とともに変化し、〔ヌ　〕は政治とともに変化するのである。

語句・句法

知識・技能

1 次の語の読み（送り仮名を含む）と意味を調べなさい。

p.210 ℓ.2 ①自め〔　〕〔　〕

ℓ.3 ②悪む〔　〕〔　〕

ℓ.6 ③故し〔　〕〔　〕

p.211 ℓ.1 ④唯だ〔　〕〔　〕

ℓ.4 ⑤易はる〔　〕〔　〕

2 次の文を書き下し文に改めなさい。

①不レ可カラ二勝ゲテ数フ一。〔　〕

②直ダ不ル二百歩ナラ一耳。〔　〕

③今独リ臣ノミ有リレ船。〔　〕

④衣食足レバ、則チ知ル二栄辱ヲ一。〔　〕

内容の理解

思考力・判断力・表現力

1 「刑者愛之自也。」(三〇・2) の理由として適当なものを、次から選びなさい。 ▼脚問1

ア 刑罰を受けることによって、人は、今まで気づかずにいた自分の善性を呼び覚まされることになるから。

イ 刑罰が人の安全や生活を保証するのであり、国家が強大になって他国から攻められることもなくなるから。

ウ 刑罰を与えることによって、傷つけられ損害を被った自身の怒りを発散させることができるから。

〔　　〕

2 韓非子は人間の本性をどのようなものと考えているか。漢字一字で示しなさい。

□

3 「致レ力」(三〇・5) とは、具体的にどうすることか。次から選びなさい。

ア 民に仁・義の教えを説くこと。

イ 古代聖人の政治に学ぶこと。

ウ 時勢に適合する法令を作ること。

〔　　〕

4 「難レ変二其故一者、」(三〇・6) について、次の問いに答えなさい。

(1) どういう者のことを言っているのかを説明している次の文章の空欄に、第二段落中の語句 (字数はマス目の数に応ずる) を補いなさい。(訓点不要)

〔　①　〕にもかかわらず、〔　②　〕であった時代に行われていた〔　③　〕というやり方に固執している者。

① □□　② □□　③ □□□□

(2) これと同じ意味を表す表現を、第二段落から二つ抜き出しなさい。(訓点不要)

〔　　〕〔　　〕

5 新傾向 「時移而治不レ易者乱、能治レ衆而禁不レ変者削。」(三一・3) について次の生徒の会話を読んで、あとの問いに答えなさい。

生徒A：ここでは「乱」は「世が乱れる」ということ、「削」は「〔　A　〕」ということを表していて、時世が変化しているのに法律も禁令も変えようとしない為政者を批判しているということなのかな。

生徒B：そうだと思うよ。言い換えると、時世が変化しているのに、昔と同じように「名」、つまり「仁や義」といった美名だけで統治しようとする考え方を批判しているんだと思う。もっと具体的に言うと、いわゆる〔　B　〕に対する批判だね。

(1) 空欄Aに入る言葉を、簡潔な現代語で書きなさい。

〔　　〕

(2) 空欄Bに入る言葉を、次から選びなさい。

ア 法家の思想　イ 儒家の思想　ウ 道家の思想

〔　　〕

(3) 「時移……者削。」と同じ意味を表す故事成語を、次から選びなさい。

ア 鼎《かなえ》の軽重を問う

イ 羹《あつもの》に懲りて膾《なます》を吹く

ウ 株を守りて兎《うさぎ》を待つ

〔　　〕

6 「聖人」(三一・4) の思想と考えられるものを、次から選びなさい。

ア 厳罰で民を治める法家思想。

イ 仁で民を感化する儒家思想。

ウ 無為自然を唱える道家思想。

〔　　〕

学習目標　ある猫の行動を記した文章を読んで、表現の特徴や作者が述べようとしたことを捉える

猫相乳

教科書 p.214～p.215

検印

展開の把握

思考力・判断力・表現力

○次の空欄に適語を入れて、内容を整理しなさい。

第一段落	第二段落
ある猫の様子	作者の評
①司徒北平王の家で、同じ日に〔ア　〕を生んだ〔イ　〕がいた。 ②ところが、その一方が〔ウ　〕。 ③その猫には、〔エ　〕匹の子がいた。 ④〔オ　〕猫は死にそうになって、ひいひいと苦しげに鳴いていた。 ⑤〔カ　〕の母猫は、自分の子に乳を飲ませていて、死にそうな母猫の苦しげな鳴き声が聞こえたようであった。 ⑥起き上がってその〔キ　〕を聞いているかのようであったが、走りだして〔ク　〕としているようだった。 ⑦死にそうな母猫の子猫一匹をくわえ、〔ケ　〕の〔コ　〕に置いた。 ⑧また行って同じことをした。 ⑨帰ってきて〔サ　〕を与える様子は、〔シ　〕にするのと同じだった。	①ああ、なんと〔ス　〕なことだ。 ②そもそも〔セ　〕は〔ソ　〕に〔タ　〕生き物である。 ③生まれつき〔チ　〕を身につけているものではない。 ④これはきっと、飼い主に〔ツ　〕されたのであろうよ。

語句・句法

知識・技能

1 次の語の読み（送り仮名を含む）と意味を調べなさい。

p.214 ℓ.4 ①方たり〔　〕〔　〕

ℓ.6 ②之くの如くす〔　〕〔　〕

ℓ.7 ③噫〔　〕〔　〕

④亦〔　〕〔　〕

⑤夫れ〔　〕〔　〕

2 次の文を書き下し文に改めなさい。

①若ガ属皆且ニ㆑為ラント㆑所ト㆑虜トスル。〔　〕

②髣髴トシテ若シ㆑有ルガ㆑光。〔　〕

③嗟《ああ》予《わが》子ヨ。〔　〕

④其レ為《たる》㆓仁之本㆒与《か》。〔　〕

内容の理解

思考力・判断力・表現力

第一段落

1 「其一」(三四・2)は何をさすか、答えなさい。

〔　　〕

2 「且」(三四・3)と同じはたらき・読みをする再読文字を記しなさい。

〔　　〕

3 「其鳴」(三四・3)の「其」は何をさすか、答えなさい。

〔　　〕

4 「其一」(三四・4)は何をさすか、答えなさい。

〔　　〕

5 「其一方レ乳二其子一、若レ聞レ之。起而若レ聴レ之、」(三四・4)について、

(1)「聞」と「聴」のそれぞれの意味を、十五字以内で説明しなさい。

聞〔　　〕

聴〔　　〕

(2)前問(1)より、母猫の様子として適当なものを、次から選びなさい。

ア　子に乳を与えているときに鳴き声が聞こえてきたので、立ち上がって何が起こったのかと確かめようとしている。

イ　子に乳を与えているときにはかすかにしか聞こえてこなかった鳴き声を、立ち上がってはっきり聞こうとしている。

ウ　子に乳を与えているときには鳴き声の主はわからなかったが、立ち上がったときに母猫の鳴き声だとわかった。

〔　　〕

第一段落

6 新傾向 第一段落についてある生徒の書いた次の文章を読んで、あとの問いに答えなさい。

この文章中の「〔 A 〕」という語は、猫が人間のように考えながら行動する様子を表現し、猫を擬人化するはたらきをしている。したがって、猫の行動を表した「聞・聴・救・銜・置」という五つの語のうち、「〔 B 〕」は猫を擬人化したものであり、「〔 C 〕」は猫の行動をそのまま記したものである。

(1)空欄Aに入る語を、一字で抜き出しなさい。

〔　　〕

(2)次のア〜オの動作を、①空欄Bに入るものと、②空欄Cに入るものとに分類し、それぞれ記号で答えなさい。

ア　聞　イ　聴　ウ　救　エ　銜　オ　置

①〔　　〕②〔　　〕

7 「乳レ之、若二其子一然。」(三四・6)の「然」とは、何をすることか。本文中の語(一字)で答えなさい。

▼脚問1

〔　　〕

8 「異之大者也。」(三四・7)の意味を、次から選びなさい。

ア　奇特だ。　イ　大変不思議だ。　ウ　あり得ない。

〔　　〕

第二段落

9 「所レ畜者」(三五・1)とは、誰のことか。本文中から抜き出しなさい。(訓点不要)

▼脚問2

〔　　〕

全体

10 韓愈が、この文章で訴えたかったことを次から選びなさい。

▼学習二

ア　親子の情愛にまさる尊い心はないということ。

イ　北平郡王馬燧という人物のすばらしい人徳。

ウ　猫でも持っている仁義を人間も持つべきだということ。

〔　　〕

学習目標　作者が動物の話に託した社会や人事に対する思いを読み取る。

臨江之麋

教科書 p.216～p.217

検印

展開の把握

思考力・判断力・表現力

○次の空欄に適語を入れて、内容を整理しなさい。

第一段落

①臨江の人が、狩猟をしていて〔ア〕の子を捕まえ、家で飼おうとした。

②〔イ〕たちが〔ウ〕を垂らし、しっぽを振りながらやってきた。

③その人は怒って犬をおどしつけた。

④それから毎日、〔エ〕を抱いて〔オ〕に近づけ、何度も何度も見せてかみつかないようにさせ、いっしょに〔カ〕ようにさせた。

⑤しばらくたって、犬はみなその人の思うとおりになった。

第二段落

①麋の子はだんだん大きくなり、自分が〔キ〕であることを忘れ、〔ク〕は本当に自分の〔ケ〕であると思い、ますます犬になれ親しんだ。

②犬のほうは、〔コ〕を恐れ、麋の子に調子を合わせて、大変仲良くしていた。

③しかし、ときどき〔サ〕をしていた。

第三段落

①三年たって、麋が〔シ〕に出て、よその〔ス〕が道にたくさんいるのを見て、走って行っていっしょに遊ぼうとした。

②よその犬は、それを見て〔セ〕ながらも怒り、皆で麋を〔ソ〕、道には〔タ〕が散乱していた。

③〔チ〕は〔ツ〕まで自分の勘違いに気づかなかったのである。

語句・句法

知識・技能

1 次の語の読み（送り仮名を含む）と意味を調べなさい。

①稍く（p.216 ℓ.4）〔　　〕〔　　〕

②良に（ℓ.6）〔　　〕〔　　〕

③益（ℓ.7）〔　　〕〔　　〕

④甚だ（p.217 ℓ.1）〔　　〕〔　　〕

⑤与に（ℓ.3）〔　　〕〔　　〕

⑥且つ〔　　〕〔　　〕

2 次の文を書き下し文に改めなさい。

①見テ㆓韓信ノ飢㆒エタルヲ、飯㆑セシム信ニ。〔　　〕

②毋カレ㆑友㆓トスル不ル㆑如カ㆑己ニ者ヲ。〔　　〕

③匈奴以㆓ッテ李牧ヲ㆒為㆑ス怯ト。〔　　〕

内容の理解

思考力・判断力・表現力

第一段落

1 「群犬垂レ涎、揚レ尾」（二六・2）は、犬のどのような気持ちを表しているか。次から選びなさい。

ア　飼い主が麋の子を自分たちの遊び相手に連れ帰ったと喜んだ。
イ　飼い主が麋の子を自分たちのえさとして持ってきたと喜んだ。
ウ　飼い主が狩りから帰宅し可愛がってもらえると思って喜んだ。

〔　　〕

2 「怛レ之」（二六・3）の「之」は、何をさしているか。本文中の語句で答えなさい。

〔　　〕

3 「習二示之一、使レ勿レ動、稍使三与レ之戯二。」（二六・4）について、次の問いに答えなさい。（傍線部a＝之、b＝之）

(1) 傍線部a・bの「之」は、それぞれ何をさしているか。本文中から二字で抜き出しなさい。（訓点不要）

a
b

(2) 「使レ勿レ動」とは、何にどのようにさせたのか。二十字以内で説明しなさい。

▼脚問1

4 「犬皆如二人意一。」（二六・5）について、次の問いに答えなさい。

(1) 犬がどうなったことを意味しているのか。次から選びなさい。

ア　何事をするにも、飼い主に願い出るようになった。
イ　すきがあれば、麋の子を食べようと思うようになった。
ウ　麋の子に危害を加えず、仲良くするようになった。

〔　　〕

(2) 実際には犬の気持ちはどのようであったのか。本文中から三字で抜き出しなさい。（訓点不要）

(3) 麋の子は犬のことをどう思っていたのか。本文中から六字で抜き出しなさい。（訓点不要）

第二段落

5 麋の子が「忘二己之麋一也、」（二六・6）となった理由を、次から選びなさい。

ア　群犬と仲良くするうちに、自分も犬の仲間だと思い込んだから。
イ　飼い主が自分たちを、人の子のように大切に育ててくれたから。
ウ　群犬があまりに従順なので、自分も犬の主人だと思い込んだから。

〔　　〕

6 「以為二犬良我友一、」（二六・6）が、その後、麋にどのような行動をとらせたか。本文中から十五字で抜き出しなさい。（訓点不要）

7 「然時啖二其舌一。」（二七・1）とは、犬のどのような気持ちを表しているか。次の空欄に適当な語句を補って答えなさい。

〔　①　〕があれば麋の子を〔　②　〕という気持ち。

①
②

▼脚問2

第三段落

8 「外犬見而喜且怒、」（二七・3）における外犬の気持ちを、次からすべて選びなさい。

ア　麋の主人に対する警戒。　イ　麋と遊べる喜び。
ウ　麋にばかにされた怒り。　エ　麋を食べられる嬉しさ。

〔　　〕

▼脚問3

全体

9 この文章の主題を、次から選びなさい。

ア　温かく迎えてくれる者に甘え、敬意を忘れた者が招く悲劇。
イ　力ある者の保護に頼り、自分の力を忘れた者の愚かさ。
ウ　臨機応変に物事に対処できない者に訪れる不幸。

〔　　〕

▼学習二

学習目標 技術の習熟について述べた文章を読んで、内容を理解し、作者の主張を捉える。

売油翁

教科書 p.218〜p.219

検印

展開の把握

思考力・判断力・表現力

○次の空欄に適語を入れて、内容を整理しなさい。

第一段落	第二段落	第三段落		第四段落
		陳康粛公と老人とのやりとり		作者の評
		陳康粛公	老人	
①陳康粛公尭咨は（ア）の技術に秀で、当代に（イ）者がいなかった。 ②公自身もそのことを（ウ）に思っていた。	①あるとき、家の畑の射場で矢を射ていたところ、（エ）の老人がやってきて、荷物を下ろして立ち止まり、長い間じっと見つめ、立ち去ろうとしなかった。 ②老人は、公が矢を射て十本のうち（オ）・（カ）本を（キ）に命中させるのを見て、ただ少し（ク）だけであった。	①おまえも射術を知っているのか。私の射術は（ケ）正確だろう！ ②おまえはどうして私の弓を（サ）にするのか？	大したことではない。ただ（コ）しているだけだ。 私は、（シ）を酌《く》んでいるのでわかるのだ。	①このことは『（ツ）』の、「牛を解体し」、「車輪を削る」ことと同じだ。
		③老人は一つの（ス）を取り出して地面に置き、（セ）でその口を覆って、ゆっくりと杓で（ソ）を酌んでたらした。 ④油は銭の穴からひょうたんに入り、銭は（タ）。 ⑤老人は、自分もただ（チ）しているだけだと言い、康粛は笑って彼を許した。		

語句・句法

知識・技能

1 次の語の読み（送り仮名を含む）と意味を調べなさい。

①善くす（p.218 ℓ.1）
（　　）
（　　）

②矜る（ℓ.2）
（　　）
（　　）

③中つ（ℓ.5）
（　　）
（　　）

④徐ろに（p.219 ℓ.2）
（　　）
（　　）

⑤所謂（ℓ.5）
（　　）
（　　）

2 次の文を書き下し文に改めなさい。

①但ダ聞二ク人語ノ響一ヲ。
（　　）

②有レリ朋自二リ遠方一来タル。不二亦説一バシカラ乎。
（　　）

③君安クンゾ与二項伯一有レル故。
（　　）

④何ゾ愛二シマンヤ一牛一ヲ。
（　　）

内容の理解

思考力・判断力・表現力

第一段落

1 「公亦以レ此自矜。」（三八・2）について、次の問いに答えなさい。

(1)「此」がさす語句を本文中から二字で抜き出しなさい。（訓点不要）

(2)「公」自身のこのような気持ちから発せられたと思われる一文を、本文中から抜き出しなさい。（返り点・送り仮名不要）

〔　　〕

第二段落

2 「但微頷レ之。」（三八・5）における翁の気持ちを、次から選びなさい。 ▼脚問1

ア 康粛の名人芸に感心しきっている。

イ 康粛の鼻を明かしてやろうとたくらんでいる。

ウ 康粛の技量を一応は認めている。

〔　〕

第三段落

3 「吾射不二亦精一乎。」（三八・6）について、次の問いに答えなさい。

(1) ここでの「精」と同じ意味の「精」を含む熟語を、次から選びなさい。

ア 精神　イ 精霊　ウ 精鋭

〔　〕

(2) 康粛は、翁からのどのような返答を期待したのか。次から選びなさい。

ア 本当にすばらしい弓矢の腕前だ。

イ 弓矢の腕前を競い合ってほしい。

ウ 名人の域にはまだ達していない。

〔　〕

4 「但手熟爾。」（三八・7）の意味を十五字以内で説明しなさい。

第三段落

5 前問**4**の翁の言葉に対する康粛の気持ちについて説明した次の文の空欄に、本文中の適語（いずれも一字）を補いなさい。 ▼学習一

自分の〔①〕の技量を〔②〕だと感心してもらえると思っていたのに、〔③〕に過ぎないと言われ、〔④〕く見られたことに怒りを覚えた。

① 　② 　③ 　④

6 「知レ之。」（三九・1）の「之」は、何をさしているか。本文中から四字で抜き出しなさい。（訓点不要）

7 「自二銭孔一入、」（三九・3）の主語を答えなさい。

〔　　〕

8 「康粛笑而遣レ之。」（三九・4）について、次の問いに答えなさい。

(1) ここでの「笑」は、どのような笑いか。次から選びなさい。 ▼脚問3

ア 嘲笑　イ 爆笑　ウ 苦笑

〔　〕

(2)「之」は何をさしているか、答えなさい。

〔　　〕

9 全体を通しての康粛の心境の変化を、次から選びなさい。

ア 得意→憤慨→納得　イ 自慢→不信→悔恨

ウ 自尊→憎悪→卑下

〔　〕

第四段落

10 「此」（三九・5）とは、何をさしているか、次から選びなさい。

ア 売油翁の言動。　イ 康粛の怒り。

ウ 康粛と売油翁との出会い。

〔　〕

11 作者が、この文章によって主張していることを説明した次の文の空欄に入れるのに適当な語を、それぞれ二字で答えなさい。 ▼学習二

〔A〕に〔B〕すると〔A〕を超越した境地に至るということ。

A 　B

入試問題に挑戦　『宇治拾遺物語』

二〇二一年度明治大学（改題）

検印

次の文章を読んで、あとの問いに答えなさい。

今は昔、人のもとに宮仕《みやづか》へしてある*生侍《なまざむらひ》ありけり。することのなきままに、清《きよ》水《みづ》へ人まねして千日詣でを二度《ふたたび》したりけり。そののち、いくばくもなくして、主《しう》のもとにありける同じやうなる侍と*双六《すぐろく》を打ちけるが、多く負けて渡すべきものなかりけるに、いたく責めければ思ひわびて、我、持ちたるものなし。ただ今貯《たくは》へたるものとては、清水に二千度参りたることのみなんある。①それを渡さんと言ひければ、傍らにて聞く人は、②謀るなりと、*をこに思ひて笑ひけるを、この勝ちたる侍、「いとよきことなり。渡さば得ん。」と言ひて、「いな、③かくては受け取らじ。三日してこの由を申して、おのれ渡す由の文書きて渡さばこそ、受け取らめ。」と言ひければ、「よきことなり。」と契りて、その日より精進《しやうじん》して三日といひける日、「さは、いざ清水へ。」④と言ひければ、この負侍《まけざぶらひ》、この痴者《しれもの》にあひたると、をかしく思ひて、悦《よろこ》びて連れて参りにけり。言ふままに文書きて、*御前にて師の僧呼びて、ことの由申させて、「二千度参りつること、それがしに双六に打ち入れつ。」⑤と書きて取らせければ、受け取りつつ悦びて、伏し拝みまかり出でにけり。

そののち、いくほどなくして、この負侍、思ひかけぬことにて捕へられて、*人《ひと》屋《や》に居にけり。⑥取りたる侍は、思ひかけぬ頼りある妻まうけて、いとよく*徳つきて、司《つかさ》などなりて、楽しくてぞありける。

大意　思考力・判断力・表現力

○次の空欄に本文中の語句を入れて、内容を整理しよう。

ある生侍が清水寺に〔ア　〕を二回した。その後、この侍は仲間の侍と〔イ　〕を打って、ひどく負け、相手に渡すものがなかったため、「清水に〔ウ　〕度参ったことを渡そう。」と言った。勝った侍は、「〔エ　〕後にこのことを仏に申し上げ、お前が私に渡すという趣旨の〔オ　〕を書いて渡すなら受け取ろう。」と言った。三日後、勝った侍が「さあ〔カ　〕へ行こう。」と言ったので、負けた侍は、喜んで連れて行き、約束通りの手順を踏んで与えた。勝った侍は喜んで受け取った。

その後ほどなくして、負けた侍は牢に入った。勝った侍は、〔キ　〕・財産・〔ク　〕を得て、裕福になったということだ。

語注

*生侍…若く身分の低い侍。

*双六…賭けごとの一種。

*をこ…ばかげたこと。

*御前…仏の御前。　*人屋…牢　*徳…財産。

内容の理解

思考力・判断力・表現力

1 傍線部①「それを渡さん」について、次の問いに答えなさい。

(1)「それ」とは何をさすか。本文中から抜き出しなさい。

〔　　　　　　〕

(2)「それを渡さん」は、ある登場人物の発言の末尾にあたるが、その発言はどこから始まるか。発言の冒頭部分を五字で抜き出しなさい。（句読点を含む）

□□□□□

2 傍線部②「謀るなり」とあるが、なぜそのように思ったのか。次から選びなさい。

ア　価値の不確かなものを価値があるかのように請け合って、だますのだなと思ったから。

イ　蓄えたものが清水寺にあるなどとうそを言って、だますのだなと思ったから。

ウ　自分が参拝することで支払いの代償になると言って、だますのだなと思ったから。

エ　信心深い人間を装って、見逃してもらおうとしているのだなと思ったから。

〔　　〕

3 傍線部③「かくては受け取らじ。」とあるが、どのようにすればよいと言っているのか。次から選びなさい。

ア　三日経って、このことを仏に申し上げてあなたが許しを得たならば、あなたの言うものを受け取ろう。

イ　三日経って、このことをまだ私に約束することが出来るならば、そのときにあなたの言うものを受け取ろう。

ウ　三日経って、この理由をあなたが話した通りに文にして書き残したならば、あなたの言うものを受け取ろう。

エ　三日経って、このことを仏に申し上げて証文に書くならば、あなたの言うものを受け取ろう。

〔　　〕

4 傍線部④「言ひければ、」、傍線部⑤「書きて取らせければ、」の動作の主体は誰か。それぞれ次から選びなさい。

ア　生侍　イ　主　ウ　勝ちたる侍　エ　師の僧

④〔　　〕⑤〔　　〕

5 傍線部⑥「取りたる侍は、思ひかけぬ頼りある妻まうけて、いとよく徳つきて、司などなりて、楽しくてぞありける。」とあるが、そうなったのはなぜか。「清水に二千度参ったこと」「仏の御利益」という言葉を用いて、簡潔に書きなさい。

〔　　　　　　〕

6 新傾向　次は、本文を読んだ生徒の感想である。本文の内容に合った感想を述べている生徒の記号を書きなさい。

生徒A：この話は、金銭に対し貪欲な態度や行動を取った者は、決して幸福にはなれないという教訓を伝えています。

生徒B：この話の教訓は、賭けごとによる成功ではなく、日々の幸福を大切にすることが肝要だということでしょう。

生徒C：この話からは、仏への信仰の度合いと態度によって、その人への世間的な評価が変わるという教訓が読み取れます。

生徒D：この話の教訓は、物事の価値を理解し、誠実な振る舞いをする者には仏の加護があるということだと思います。

生徒〔　　〕

入試問題に挑戦

『徒然草』第六十段

二〇二一年度名城大学（改題）

検印

次の文章を読んで、あとの問いに答えなさい。

　真乗院《しんじようゐん》に盛親僧都《じやうしんそうづ》とて、やんごとなき智者ありけり。①芋頭《いもがしら》といふものを好みて、多く食ひけり。談義の座にても、大きなる鉢にうづ高く盛りて、膝もとに置きつつ食ひながら文をも読みけり。患ふことあるには、七日《なぬか》、二七日《ふたなぬか》など、療治《れうぢ》とて籠りゐて、思ふやうによき芋頭を選びて、ことに多く食ひて、よろづの病をいやしけり。人に食はすることなし。ただひとりのみぞ食ひける。きはめて貧しかりけるに、師匠《ししやう》、死にざまに銭《ぜに》二百貫*と坊*ひとつを譲りたりけるを、坊を百貫に売りて、かれこれ三万疋《*びき》を芋頭の銭《あし》と定めて、②京なる人に預けおきて、十貫づつ取り寄せて、芋頭を乏《とも》しからず召しけるほどに、また異用《ことよう》に用《もち》ふることなくて、③その銭みなになりにけり。「三百貫のものを貧しき身にまうけて、かくはからひける、まことにありがたき道心者なり。」とぞ、人申しける。

　この僧都、ある法師を見て、④しろうるりといふ名をつけたりけり。「とは何物《なにもの》ぞ。」と人の問ひければ、「さるものを我も知らず。もしあらましかば、この僧の顔に似てん。」とぞ言ひける。

　この僧都、みめよく、力強く、大食にて、能書《のうじよ》・学匠《がくしやう》、弁説《べんぜつ》人にすぐれて、宗《しゆう》の*法灯なれば、寺中《じちゆう》にも重く思はれたりけれども、世をかろく思ひたる⑤曲者《くせもの》にて、よろづ自由にして、おほかた人に従ふといふことなし。

大意

思考力・判断力・表現力

○次の空欄に本文中の語句を入れて、内容を整理しよう。

　盛親僧都は、〔ア　　〕を好んで多く食べた。病気のときはとくに多く食べて、すべての〔イ　　〕を治した。師匠から譲られた銭と坊をすべて〔ウ　　〕に使ってしまった。「銭をこのように扱ったのは、滅多にない〔エ　　〕だ。」と人々は言った。

　この僧都は、ある法師に「〔オ　　〕」という名をつけた。人に問われると、「そうした物を私も知らない。もしあるのなら、この僧の顔にきっと〔カ　　〕いるだろう。」と言った。

　この僧は美点が多く、能書・〔キ　　〕、弁説などに優れていて、高位の僧侶で寺でも重視されていたが、世間のことを軽く考えている〔ク　　〕であって、何事も〔ケ　　〕で人に従うことがない。

語注

＊**貫**…銭の単位。一貫は百疋。

＊**坊**…僧侶の住居。

＊**疋**…銭の単位。

＊**法灯**…学問に精通した、宗派内でも高位の僧侶。

内容の理解

思考力・判断力・表現力

1 傍線部①「芋頭」は僧都にとってどのようなものであったか。次から選びなさい。

ア　常に食膳で食べるものであった。
イ　病気の時だけ食べるものであった。
ウ　自分だけでなく他人とともに食べるものであった。
エ　師匠から譲り受けた財産をすべてつぎ込むものであった。
オ　人の呼び名にするほど好ましいものであった。〔　　〕

2 傍線部②「京なる人に預けおきて、」を、「誰が」「何を」という要素を補って口語訳しなさい。

〔　　〕

3 傍線部③「その銭みなになりにけり。」の解釈として適当なものを、次から選びなさい。

ア　その銭をすべてためこんだ。
イ　その銭は命の次に大切なものだった。
ウ　その銭がすっかりなくなってしまった。
エ　その銭にはまったく関心がなかった。
オ　その銭を水の中に落としてしまった。〔　　〕

4 傍線部④「しろうるり」をめぐるやりとりとして適当なものを、次から選びなさい。

ア　盛親僧都が自らしろうるりと称した。
イ　法師が白い瓜によく似ていたので、盛親僧都がしろうるりと名づけた。
ウ　しろうるりがどういうものであるか、法師が盛親僧都に尋ねた。
エ　しろうるりというものを自分も知らないと盛親僧都は答えた。
オ　しろうるりが実在するかどうかわからないと法師は答えた。〔　　〕

5 傍線部⑤「曲者」は、ここではどういう意味か。次から選びなさい。

ア　侵入者　イ　悪者　ウ　つわもの
エ　したたか者　オ　変わり者〔　　〕

6 新傾向 次は、本文を読んだ二人の生徒の会話である。これを読んで、あとの問いに答えなさい。

生徒A：盛親僧都は世間の人たちから〔　A　〕ようです。
生徒B：同感です。たとえば、僧都のお金の使い方に関して、人々が彼のことを「〔　B　〕」だと評しています。
生徒A：言動は個性的だけれど、「能書・学匠、弁説人にすぐれて、」とあるので、僧としての能力が高かったことがわかります。
生徒B：また、「〔　C　〕」とあることから、宗派内・寺院内で立派な僧として重んじられていたこともわかります。でも、それだけではなく、世間の常識にとらわれない「〔　D　〕」な生き方を、この文章の作者は評価しているのではないかと思います。

(1) 空欄Aに入る言葉を次から選びなさい。
ア　高く評価されていた　イ　敬遠されていた
ウ　否定的に見られていた　エ　誤解されていた
オ　信用されていなかった〔　　〕

(2) 空欄Bに入る言葉を、本文中から八字で抜き出しなさい。

(3) 空欄Cに入る言葉を、本文中から四字で抜き出しなさい。

(4) 空欄Dに入る言葉を、本文中から二字で抜き出しなさい。

入試問題に挑戦 『韓非子』説林上

二〇二〇年度学習院大学（改題）

検印

○次の文章を読んで、あとの問いに答えなさい。ただし、問いの都合で、返り点・送り仮名を省いた部分がある。

紂《ちゅう》為シ㆓長夜之飲ヲ㆒、懽《たのシミテ》以ツテ失フ㆑日。①問フ㆓其ノ左右ニ㆒尽ク不ル㆑知ラ也。②乃③使人問箕《き》子シ。箕子謂ヒテ㆓其ノ④徒ニ㆒曰ハク、「⑤為リテ㆓天下ノ主ト㆒、而一国皆失フ㆑日ヲ、⑥天下其レ危フカラン矣、一国皆不ルニ㆑知ラ、而我独リ知ラバ㆑之ヲ、吾其レ危フカラン矣。」⑦辞以酔而不知。

（韓非子）

語注

＊紂…殷王朝最後の王で暴君として知られる。
＊飲…宴会。
＊箕子…紂王に仕えた賢人。

大意 思考力・判断力・表現力

○次の空欄に適語を入れて、内容を整理しなさい。

（殷の王である）〔ア　〕は、徹夜で宴会を続け、遊びすぎて日付がわからなくなった。〔イ　〕に問うと、誰もわからない。そこで、使いの者を出し、〔ウ　〕に対して尋ねさせた。箕子が自分の家来に向かって言うことには、〔エ　〕の主となって、一国の者が皆日付がわからなくなった。（これでは）天下（を保つこと）が〔オ　〕ういだろう。一国の者が皆（日付が）わからないというのに、私〔カ　〕りだけそれがわかっているならば、私の身は危ういだろう。」と。（そして）〔キ　〕ていてわからないと（使者に）答えた。

出典紹介

韓非子…中国の戦国時代の思想家、韓非の著作とされる書物。法律・刑罰を重視する法家思想を説く。後世に付加された部分が多いとされる。

内容の理解

思考力・判断力・表現力

1 傍線部①「問」とあるが、何を問うたのか。本文中から漢字一字で抜き出して答えなさい。

□

2 傍線部②「乃」のここでの意味を、次から選びなさい。

ア　ところが
イ　そこで
ウ　かえって
エ　なんとまあ

〔　　〕

3 傍線部③「使人問箕子。」の書き下し文と現代語訳の組み合わせとして最も適当なものを、次から選びなさい。

ア　書き下し文＝人をして使ひさせて箕子に問ふ。
　現代語訳＝ある人を使者にして、箕子に尋ねた。
イ　書き下し文＝人に使ひして箕子に問はしむ。
　現代語訳＝ある人のために使者の役を果たして、箕子に対して尋ねさせた。
ウ　書き下し文＝人を使ひて箕子に問ふ。
　現代語訳＝ある人を使者として使って、箕子に尋ねた。
エ　書き下し文＝人をして箕子に問はしむ。
　現代語訳＝ある人を使者として出して、箕子に対して尋ねさせた。

〔　　〕

4 傍線部④「徒」のここでの意味を、次から選びなさい。

ア　隣人
イ　紂王
ウ　家来
エ　大臣

〔　　〕

5 傍線部⑤「為㆓天下主㆒」とあるが、これは誰のことについて述べたものか。本文中から抜き出して答えなさい。

〔　　〕

6 新傾向 傍線部⑥「天下其危矣、」とあるが、箕子がこのように言ったのはなぜか。その理由を述べた次の文の空欄に入る内容を、あとの条件に従って書きなさい。

王とその側近全員が「日付がわからない」という状況は、□から。

（条件）・「統治能力」「国の安寧」という言葉を用いること。
・三十字以内の現代語で書くこと。

□

7 傍線部⑦「辞以酔而不知。」とあるが、箕子がこのように返事をしたのはなぜか。最も適当なものを、次から選びなさい。

ア　紂王の問いに対して間違った答えをしてしまえば、紂王の怒りを買い、朝廷から追放されてしまうと考えたから。
イ　今日の日付さえもわからなくなってしまった紂王とその側近にあきれ、もう関わり合いになりたくないと考えたから。
ウ　紂王の側近たちが日付を忘れたふりをして紂王をだましていることに勘付き、側近たちに協力してやろうと考えたから。
エ　紂王とその側近の皆がわからないことを自分だけがわかっていると言えば、朝廷内で孤立してしまうと考えたから。

〔　　〕

入試問題に挑戦　『史記』佞幸列伝

二〇二〇年度國學院大學（改題）

検印

○次の文章を読んで、あとの問いに答えなさい。ただし、問いの都合で、返り点・送り仮名を省いた部分がある。

文*帝嘗《テ》病《ム》レ癰《*ようヲ》。鄧《*とう》通《とう》常《ニ》為《ニ》レ帝《ノ》唶《*さく》二‐吮《せんス》之《ヲ》一。文帝不レ楽《シマ》、従《*しよう》容《ようトシテ》問《ヒテ》レ通《ニ》曰《ハク》、「①天下誰最愛我者乎。」通曰《ハク》、「②宜レ莫レ如二太*子一。」太子入《リテ》問《フニ》レ病《ヲ》、文帝使《ム》レ唶《すハ》レ癰《ヲ》。③唶《フモ》レ癰《ヲ》而色*難《かたンズ》レ之《ヲ》。已《ニシテ》而聞《キ》三鄧通常《ニ》為《ニ》レ帝《ノ》唶二‐吮《スト》之《ヲ》一、心《ニ》慚《はヂ》、由《リテ》レ此《レニ》怨《ム》レ通《ヲ》矣。及《ビ》二文帝崩《ジテ》、景帝立《ツニ》一、鄧通④免、家居《ス》。居《ルコト》無《クシテ》レ何《いくばくモ》、人《ニ》有《リ》レ告《グルモノ》三鄧通盗《ミ》二‐出《ダスト》徼《*けう》外《ぐわいニ》鋳《*しゆ》銭《せんヲ》一。下《シテ》レ吏《ニ》験*問《スルニ》、頗《ル》有《リ》レ之、遂《ニ》竟《*きやう》案《あんシテ》、⑤尽没二‐入鄧通家一。

（『史記』佞幸列伝）

語注

＊**文帝**…前漢第五代皇帝。　＊**癰**…悪性のできもの。　＊**鄧通**…人名。
＊**唶吮**…（うみを）吸い取る。　＊**従容**…何気なく。　＊**太子**…文帝の子。後の景帝。
＊**色**…表情。　＊**徼外**…国境の外。　＊**鋳銭**…鄧通自ら鋳造した銅銭。
＊**験問**…取り調べる。　＊**竟案**…徹底的に取り調べる。

大意　思考力・判断力・表現力

○次の空欄に適語を入れて、内容を整理しなさい。

〔　ア　〕が癰をわずらった。〔　イ　〕はいつも帝のためにそのうみを吸い取った。文帝が「世の中で〔　ウ　〕が最も私を〔　エ　〕する者だろうか。」と問うと、鄧通は「〔　オ　〕（の帝への愛）に及ぶものはないでしょう。」と答えた。太子が見舞いに来たとき、帝は太子に癰のうみを吸わせた。太子は従ったが、（不快で）顔の〔　カ　〕を変えた。鄧通がいつも帝のためにうみを吸い取っていると聞いて、太子は心に恥じ、鄧通を〔　キ　〕んだ。文帝が亡くなり〔　ク　〕が即位すると、鄧通は職を〔　ケ　〕ぜられ、引きこもった。ほどなくして、鄧通が国境の外に銅銭を〔　コ　〕出していると告げ口する者があった。取り調べの結果、鄧通はことごとく家財を〔　サ　〕された。

出典紹介

史記…前漢の歴史家、司馬遷が編纂した歴史書。上古の黄帝から前漢の武帝までを紀伝体で記した通史。合計百三十巻。

内容の理解

思考力・判断力・表現力

1 傍線部①「天下誰最愛我者乎。」について、次の問いに答えなさい。

(1)「天下誰最愛我者乎。」の読み方として最も適当なものを、次から選びなさい。

ア てんか たれか もつとも われを あいするものぞや と。
イ てんか もつとも われを あいするもの たれぞや と。
ウ てんか たれをか われ あいすること さいたるか と。
エ てんか たれか われを あいするもの さいたるや と。

〔　　〕

(2)「天下誰最愛我者乎。」の現代語訳を書きなさい。

〔　　　　〕

2 傍線部②「宜レ莫レ如二太子一。」の解釈として最も適当なものを、次から選びなさい。

ア 太子さまでも私以上に帝を愛していないでしょう。
イ 太子さまの愛は帝の愛に及びません。
ウ 太子さまの帝への愛は私と同じぐらいでしょう。
エ 太子さまの帝への愛に及ぶものはないでしょう。

〔　　〕

3 傍線部③「唶レ癰」について、二人の生徒が次の会話をした。これを読んで、あとの問いに答えなさい。

生徒A：この時の太子は、どんな気持ちだったんだろう。
生徒B：〔　A　〕とあるね。ここから、太子の気持ちが推し量れるんじゃないかな。
生徒A：なるほど。ここから考えると、おそらく〔　B　〕だったんだろうね。

(1) 空欄Aに入る言葉を本文中から三字で抜き出しなさい。（訓点不要）

(2) 空欄Bに入る内容を、「できもののうみ」という言葉を用いて、二十五字以内で書きなさい。

4 傍線部④「免」と同義で用いられている「免」の字を含む熟語を、次から選びなさい。

ア 赦免　イ 免許　ウ 罷免　エ 減免　〔　　〕

5 傍線部⑤「尽没二入鄧通家一。」の解釈として最も適当なものを、次から選びなさい。

ア 鄧通は家族とともにことごとく収監された。
イ 鄧通はことごとく家財を没収された。
ウ 鄧通は財産がつきて、銅銭づくりに没頭した。
エ 鄧通は万策つきて、家に逃れた。

〔　　〕

6 本文の内容に合致するものを、次から選びなさい。

ア 鄧通は、太子に取り入るため、文帝のできものを太子に吸うよう促した。
イ 鄧通は、文帝の恨みを買い、その後、失脚に追い込まれた。
ウ 太子は、鄧通がいつも文帝のできものを吸うと聞いて、鄧通を怨むようになった。
エ 太子は、文帝が亡くなったあと、鄧通を捕らえようとしたが、逃げられた。

〔　　〕